ŒUVRES

DE

SAINT-SIMON & D'ENFANTIN

XIII

Imprimerie L. TOINON et Cᵉ, à Saint-Germain

ŒUVRES

DE

ϽAINT-SIMON & D'ENFANTIN

PUBLIÉES PAR LES MEMBRES DU CONSEIL

INSTITUÉ PAR ENFANTIN

POUR L'EXÉCUTION DE SES DERNIÈRES VOLONTÉS

ET

PRÉCÉDÉES DE DEUX

NOTICES HISTORIQUES

TREIZIÈME VOLUME

PARIS

E. DENTU, ÉDITEUR

LIBRAIRE DE LA SOCIÉTÉ DES GENS DE LETTRES

PALAIS-ROYAL, 17 ET 19, GALERIE D'ORLÉANS

—

1867

NOTICES
HISTORIQUES

II

ENFANTIN

(SUITE)

XLIX

(1854-1855-1856)

(Suite.)

Pendant son séjour à Lyon, Enfantin, sous l'impression de la lecture des *Contemplations* de Victor Hugo, adressa ces quelques lignes au poëte :

« Lyon, le 12 mai 1856.

» Cher et illustre proscrit,

» J'ai le cœur plein de vos Contemplations. Vous m'avez fait bien pleurer sur vos douleurs de père ; j'aime à vous le dire, espérant que vous y trouverez quelque bien, et parce que c'est vous dire aussi que je ne suis plus seulement un admirateur de votre génie.

» Déjà une fois je vous avais écrit parce que vous m'aviez touché par votre puissant et religieux amour de la femme. J'attends avec impatience ce que vous nous annoncez : *Dieu* et surtout *la Fin de Satan*, bien certain que vous ferez écraser la tête de celui-ci par la femme et que votre Dieu ne sera pas seulement un père.

» Vous le manifesterez à nous, délivré de Satan et de son enfer, se montrant sous sa triple forme de mère, d'épouse et de fille, et non plus seulement sous sa forme mâle de *Père*, *Fils* et *Saint-Esprit*. Car c'est là le véritable sens de ce qu'ils ont cherché et trouvé, sans le savoir, dans l'*immaculée conception de la mère de Dieu*.

» L'ange vous a crié : commencement ! C'est le dernier mot de vos Contemplations. Faites-nous donc sortir du dualisme du bien et du mal, duel de Dieu et de Satan, et par conséquent domaine du doute ; et faites-nous entrer dans le dualisme générateur, mâle et femelle, royaume de l'amour, de la foi certaine et de la charité forte, et douce en même temps.

» Vous aimiez tant votre mère et votre fille,

vous avez tant de foi dans la puissance religieuse de la femme que vous nous les ferez voir en Dieu mille fois mieux que les chrétiens n'ont vu Dieu dans l'Homme-Christ.

» Oui, la fin de Satan, c'est la substitution du duel d'association et d'amour au duel d'opposition et de haine. Laissons celui-ci aux cœurs secs et étroits; prêchons l'autre aux grandes âmes; laissons au passé ce qui finit, donnons à l'avenir ce qui commence.

» Vous venez de livrer au monde de bien grandes pages; laissez-moi vous dire que même en dehors de ce qui m'a le plus profondément touché, de ce qui me force à chercher si loin votre main pour la serrer, vous m'êtes devenu plus cher, plus admiré, comme poëte, comme prophète, comme apôtre, que vous ne l'étiez jusqu'à ce jour.

» A vous, pauvre exilé, pauvre père; à vous, homme fort, la main de votre tout dévoué et affectionné. — P. ENFANTIN. »

Victor Hugo répondit :

« Guernesey, 7 juin 1856.

» Je vous remercie, cher et grand penseur, votre lettre m'émeut et me charme. Vous êtes un des voyants de la vie universelle. Vous êtes un de ces hommes en qui remue l'humanité, et avec lequel je me sens une fraternité profonde. L'idéal, c'est le réel. Je vis, comme vous, l'œil fixé sur la vision. Je fais mon possible pour aider, dans la mesure de ma force, le genre humain, ce triste tas de frères que nous avons là et qui va dans les ténèbres ; et je m'efforce, lié moi-même à la chaîne, d'aider mes compagnons de route, par mes actes comme homme, dans le présent, et par mes œuvres comme poëte, dans l'avenir.

» Ma sympathie embrasse, en gardant les proportions, tous les êtres créés. Je vois votre horizon, et je l'accepte ; et je pense que vous accepterez aussi le mien. Travaillons à la lumière, créons l'immense amour.

» Dans ces deux livres, *Dieu* et *la Fin de Satan,* certes, et vous le savez bien, je n'oublierai pas la femme ; j'irai même au delà, de même que j'irai au delà de la terre. Ces deux ouvrages sont à peu près terminés ; pourtant je veux laisser quelque espace entre eux et *les Contemplations.* Je voudrais, si Dieu me donnait quelque force, emporter la foule sur de certains sommets ; pourtant je ne me dissimule point qu'il y a là peu d'air respirable pour elle. Aussi je veux la laisser reposer avant de lui faire essuyer une nouvelle ascension. — Hélas ! je suis bien peu de chose ; mais j'ai dans le cœur un profond amour de la liberté qui est l'homme, et de la vérité qui est Dieu.

» Ce double amour est en vous comme en moi; il est la vie de votre haut esprit; et c'est avec bonheur que je vous serre la main.

» VICTOR HUGO. »

Enfantin quitta Lyon en octobre 1856, et vint s'installer à Paris comme administrateur délégué du chemin de fer de Paris -Lyon-Méditerranée.

L

(1857-1858)

Un ancien saint-simonien, Charles Lemonnier, avait fondé, sous le titre de *Revue philosophique et religieuse*, un recueil fort intéressant, dans lequel Lambert avait inséré, en 1856, un travail remarquable sur le dogme, et qui fut ensuite publié séparément et intitulé : *Fatalité* — PROVIDENCE — *libre arbitre.*

Cette publication donna lieu à une polémique à raison de laquelle Enfantin, pendant un voyage qu'il fit à Lyon, au commencement de 1857, écrivit à Lambert :

« Lyon, le 15 janvier 1857.

» Cher ami, le dernier n° de *la Revue* ne t'a
pas fait l'honneur de te recevoir et le docteur
C......... t'y a fort maltraité. C'est égal, en somme,
le n° est bon et intéressant. L'article de Lemonnier
et celui de Guillemin (que je ne connais pas) même
celui de Guépin, et, sous certains rapports, celui de
Castelnau, ont une bonne valeur de revue. La lettre
de Proudhon qui ne vaut pas le diable (qu'il est)
est une bonne réclame pour l'abonnement.

» Mais tout ceci me fait voir que le côté de l'autorité aura grand'peine à se faire supporter par
tous ces hommes de la liberté, si elle n'y met pas
ses plus fines manchettes, mais aussi ses éperons et
même sa cravache.

» Ces gaillards-là m'agacent bigrement les nerfs
quelquefois; mais nous devons reconnaître que
nous leur avons souvent donné prise, nous qui
connaissions parfaitement leurs préventions très-
légitimes à l'égard de l'autorité du passé, et leur
fanatisme, très-légitime aussi, en faveur de la liberté, en tant que négative de cette vieille autorité.

» Voici Girardin avec Lourdoueix qui fait des
jeux de mots sur *indivis et individuel*, et Darimon
qui combat Dupont-White sur *l'état* et *l'individu;*

je suis donc disposé de plus en plus à croire que les hommes de la liberté et de l'individu doivent d'autant plus faire de *bruit* en ce moment que l'autorité et la société font de la *besogne*.

» Malgré cela, je crois très-nécessaire de sonner, au milieu de leur charivari, la trompette dogmatique de notre pouvoir légitime, mari de madame liberté.

» Or, pour cela, il ne faut pas, à toute force, qu'on puisse se tromper sur notre dogme, il faut qu'on voie très-clairement que l'autorité, c'est *l'homme* et la FEMME UNIS, que l'ordre, c'est le pouvoir et la LIBERTÉ MARIÉS, qu'il ne s'agit pas pour nous de constituer un *pouvoir* et une OBÉISSANCE, mais une RELIGION comprenant l'autorité et la liberté, leur donnant, à l'une et à l'autre, sanction ou satisfaction, ou consécration.

» Il est très-vrai qu'avec des esprits faussés, comme on l'est nécessairement aujourd'hui, notre sacerdoce devrait se présenter plutôt comme *justice* que comme *pouvoir, autorité, chef*. C'est la cour souveraine d'amour, parce que c'est à elle qu'en *appelleraient* l'autorité et la liberté dans leurs conflits inévitables et très-légitimes ; puisque ce sont ces conflits oscillatoires qui font marcher la société, bien entendu à la condition du jugement arbitral d'AMOUR pour *l'une* et pour *l'autre* partie.

» Mais tout ceci encore est dogmatique et métaphysique; or cela ne suffit pas, je le sais, pour vaincre des *répugnances* développées par une longue éducation.

» Je crois donc qu'il faut surtout chanter le rôle de la bonté, de la bienveillance, de la tolérance, de l'impartialité, de l'équité, de la justice, et le mettre en regard des plus hautes qualités morales des deux spécialités abstraites, mais toujours en montrant que ce rôle exige, pour être rempli de la manière la plus élevée, le concours aimant de l'homme et de la femme, unis religieusement dans ce but de justice divine, vivante dans l'humanité.

» Je te donne la balance de la justice comme un heureux symbole, non de la trinité, mais du couple intermédiaire lui-même, du couple sacerdotal, auquel nous devons enlever le nom et les apparences de ce que le siècle actuel appelle *l'autorité.* Celle-ci ne suppose qu'un supérieur et un inférieur, tandis que l'autre implique deux égaux, en présence d'un arbitre. L'arbitre n'est ni égal, ni supérieur, ni inférieur, il est arbitre.

» De là il résulte que nous devons fustiger aussi vertement les idolâtres de l'autorité que ceux de la liberté, ce que certainement nous n'avons pas fait jusqu'ici.

» Ainsi, Dieu m'est témoin que je me fiche autant de l'élection par en haut que de l'élection par en bas, ou que j'aime autant l'une que l'autre ; mais que j'aime encore mieux, moi, ne pas jouir de cette faculté, d'une façon ou de l'autre, et la laisser exercer (l'une ou l'autre) par des gens ayant faculté spéciale de choisir des supérieurs ou des inférieurs, mais j'attache une grande importance à ce que des gens, restés *en dehors de ce jeu,* puissent dire aux uns et aux autres : vous avez bien ou vous avez mal choisi ; et sanctionnent ou condamnent ce choix. Tel est le rôle du sacerdoce futur.

» Toutes les questions politiques, ramenées à cette formule, qui donne satisfaction aux trois aspects de l'être, peuvent être traitées de manière à prouver que le sacerdoce futur n'est jaloux d'exercer aucune des fonctions qui sont considérées comme l'apanage de l'autorité, ni d'empêcher l'exercice de celles que l'on regarde comme les garanties de la liberté.

» De même, le sacerdoce ne professe pas la science et ne pratique pas l'industrie, mais il est l'âme, l'inspiration, non pas de l'une ou de l'autre,

mais de leurs *relations*, de leurs différends, comme
de leur concours.

» Faisons donc bon marché de toutes les prétentions des amants de l'autorité, aucune d'elles n'a la
valeur de sanction religieuse, toutes ne répondent
qu'à une face de la vie humaine, et seraient par
conséquent un repoussoir ou un joug pour l'autre
face.

» Certes, toute institution sociale, jugée bonne au
point de vue exclusif de l'autorité, sera jugée
mauvaise au point de vue exclusif de la liberté, la
famille par exemple, sanctionnée par l'autorité des
parents, quelles que soient la durée et la forme de
cette autorité. Il faut pourtant bien que les fétichistes
de la liberté consentent à laisser aux amants de l'autorité la *liberté* de former et constituer leur famille.

» Des sentiments tout aussi puissants, mais très-
différents, chez les amants de la liberté, exigent
aussi une satisfaction consacrée légalement, autorisée et non stigmatisée, ou déshonorée et déshono-
rante.

» Qui donc mettra fin au treizième arrondissement, à Notre-Dame de Lorette, au lupanar, à
l'enfant trouvé, à l'adultère, à l'infanticide, etc.,
si ce n'est le sacerdoce qui aura tout autant à cœur
de maintenir la sainteté de la famille que de rendre

sains et saints les amours libres des êtres que les liens de la famille étouffent comme un éternel esclavage?

» Ah! vous voulez de la liberté et vous repoussez l'autorité; vous voulez l'égalité de l'homme et de la femme, messieurs de *la Revue*, vous vous dites même un peu saint-simoniens, eh bien, comment entendez-vous le mariage, la famille? Comment traitez-vous l'enfant né hors mariage et les parents non mariés? voulez-vous toujours des filles publiques patentées, à jeter à la Salpêtrière? n'aurez-vous rien rêvé de mieux pour sauver la vertu de vos femmes et votre honneur?

» Et tant de buses ont dit que nous voulions détruire la famille, tout en nous prétendant fanatiques de l'autorité! que veulent donc créer pour eux-mêmes les fanatiques de la liberté? sous quelle forme licite, morale, sainte (et saine) veulent-ils exercer leur libre amour?

» Proudhon aura beau jeu avec Mme d'Héricourt, si elle reste dans le pot-au-feu, d'une part, et la fille publique, de l'autre. Le gaillard a de la logique, il sait bien que s'il accordait l'égalité des deux sexes, il serait obligé d'admettre l'égalité de l'autorité et de la liberté, et tout ce qui s'ensuit en politique et en morale. Il sait aussi que si Mme d'Héricourt n'ose pas s'aventurer dans le champ de l'amour libre, il la battra.

» Elle, au contraire, ne peut le battre qu'en montrant que la liberté de Proudhon le mène logiquement, forcément, à la justification, glorification, et même sanctification de l'amour libre.

» Toi-même, cher ami, tu auras les rieurs contre toi, si tu ne montres pas, à nos amis les égalitaires libéraux, qu'ils vont à la destruction de la famille et à la glorification de l'amour libre *exclusivement*, ce que n'a jamais enseigné le saint-simonisme.

» Rappelle-toi que nous n'avons vraiment compris et formulé le dogme que lors de la protestation de Rodrigues et de Bazard, c'est-à-dire qu'il n'y a de vrai enseignement du dogme qu'à propos de la morale, et puisque nous sommes des hommes, à propos des femmes.

» Sur ce propos, je suis fatigué et je t'embrasse.

» P. ENFANTIN. »

Le lendemain, quoique délassé par un repos sans sommeil, Enfantin, fortement préoccupé de la polémique qu'une femme, Mme d'Héricourt, avait le courage d'ouvrir pour défendre son sexe contre les brutales appréciations du suprême organe de l'égoïsme mâle ; Enfantin reprenait ses épanchements paternels avec le disciple qui le comprenait le mieux parmi ses disciples.

« Cette nuit, écrivait-il, le 7 janvier, à Lambert, ne pouvant dormir, je pensais que la plus forte et la plus puissante protestation contre le mariage et la famille avait été faite par le catholicisme, dans le célibat des prêtres et même le brisement des liens de famille et du nom, à l'entrée dans les ordres, et je me demandais encore : Qui donc fera cesser cet affreux martyre du célibat des prêtres et du célibat de toutes ces filles cloîtrées qui ne veulent ou ne peuvent contracter mariage, ni être mères, si ce n'est un sacerdoce paternel à l'égard de la famille, et maternel vis-à-vis du bâtard et de sa mère ?

» Et puis, je songeais aussi que, si j'étais Mme d'Héricourt, je commencerais ainsi ma réponse à Proudhon [1] :

— « Monsieur, quelle que soit votre opinion sur la supériorité de l'homme à l'égard de la femme, je ne comprendrais pas qu'elle vous aveuglât au point de prétendre que l'homme le plus faible ou le plus laid soit supérieur physiquement à la femme la

---

1. Enfantin écrivit plus tard une lettre directe à Proudhon et destinée à l'impression, elle sera publiée avec les œuvres inédites.

plus forte ou la plus belle; de même, vous ne soutiendrez pas que le plus ignorant et le plus idiot soit supérieur à la plus instruite et à la plus intelligente, ni surtout que le plus lâche et le plus égoïste l'emporte sur la plus brave et la plus généreuse.

» En conséquence, vous me permettrez de croire, au cas particulier dans lequel nous nous trouvons, moi et vous, que je suis (par exception si vous y tenez) au moins votre égale, et je vous assure, que pour me repaître de cette illusion, si c'en est une, je n'ai pas besoin de me supposer la femme la plus belle, la plus intelligente et surtout la plus généreuse.

» Donc, je ne désignerai pas un champion, je combattrai sur votre propre terrain et avec vos armes. Je sais ce que vous valez, vous êtes un rude logicien et vous avez une plume aussi forte que grossière, et tellement tranchante et piquante qu'elle peut blesser et tuer, mais jamais guérir ni donner la vie. Et je me garderai de vous prier de me désigner votre *championne*, parce que, d'après le cas que vous faites des femmes, je recuserais comme immorale celle que vous auriez choisie, car elle vous seconderait en mercenaire, en servante, en esclave.

» Vous dites, monsieur, que vous avez *com-mencé* vos études sur la femme (vous écrivez *sur la matière ;* c'est sans doute ainsi qu'il vous plaît de désigner *la femme*) seulement depuis que je vous ai écrit, c'est-à-dire depuis quelques mois. C'est un peu tard, car vous n'êtes plus de la première jeunesse, et il y a plus d'un quart de siècle que *cette matière* occupe particulièrement les intelligences et les cœurs d'élite.

» Si, par hasard, mon infériorité intellectuelle à votre égard n'était pas fort grande, j'aurais sur vous, par mes études sur le même sujet, un avantage de temps fort considérable qui pourrait compenser mon infériorité relative.

» Dans tous les cas, je vous prie de remarquer que, selon votre propre aveu, c'est moi, femme, qui ai communiqué à votre cerveau la commotion nécessaire pour vaincre son inertie à cet égard.

» Cependant toutes vos opinions sur la femme reposent sur ce fait primordial, selon vous, qu'entre les deux sexes, il existe cette différence que l'un ne fonctionne que par l'initiative de l'autre. Pour établir cette base, ce point de départ de votre science sur la femme, vous avez même inventé un fait nouveau de physiologie et d'anatomie cérébrale, vous affirmez qu'il y a dans le cerveau de la femme —

« un certain organe incapable par lui-même de
» vaincre son inertie native et que l'esprit mâle est
» seul capable de faire fonctionner. » En d'autres
termes, que la femme n'a d'idées que si l'homme les
lui donne.

» Je veux bien admettre pour un instant ce rêve
ingénieux de votre esprit, comme un fait anatomi-
que, physiologique, psychologique, parfaitement
constaté.

» Que pourriez-vous raisonnablement en conclure, quant à l'infériorité de la femme sous le rapport intellectuel, si, d'un autre côté, il était également démontré que l'homme n'a d'idées que lorsque
la femme lui inspire le désir de lui en donner à
elle-même. Vos charmants rapprochements entre le
cerveau et le ventre ne prouvent que cette vérité
générale : une femme n'est mère que parce que
son enfant a un père ; mais aussi un homme n'est
père que parce que son enfant a une mère, et encore
n'est-il père que parce que la femme lui a inspiré,
a fait naître en lui, le désir de l'être.

» L'activité de l'un et sa prétendue initiative,
si elles existent solitaires, ne sont pas plus puissantes que la prétendue inertie et la passivité de
l'autre. Dieu se retire de l'homme isolé comme de
la femme isolée. *Væ soli!* s'applique aussi bien à

la femme qu'à l'homme, en latin. Les moines n'ont pas plus d'enfants que les nonnes.

» J'aurais bien aimé que vous nous disiez également si vous avez découvert dans le cœur de la femme, ou plutôt dans l'organe quelconque où il vous plaît de fixer le siége du sentiment, un point générateur, inerte par nature, auquel l'initiative de l'homme fût indispensable pour lui faire créer la bonté, la tendresse, la grâce, l'amour.

» Si, par malheur, vous pensiez avoir découvert ce point inerte, j'en éprouverais une profonde tristesse pour vous, Monsieur, car il faudrait en conclure :

» Que vous avez été privé de bien bonne heure de l'amour de votre mère;

» Que vous n'avez pas eu de sœur chérie, guide moral de votre enfance;

» Que vous n'avez jamais eu d'amie respectée, vénérée, bénie pour les conseils donnés à votre jeunesse;

» Que vous n'avez jamais ressenti l'influence initiatrice de tendresse, de douceur, d'amabilité, mais aussi de grandeur, de noblesse, de courage qu'inspire une femme adorée;

» Enfin que vous n'avez pas de filles, mais peut-être des *petites*.

» Mais alors, malheureux, Dieu vous aurait marqué d'un signe terrible, vous seriez une expression monstrueuse dans l'humanité, vous auriez été privé de tout ce qui fait la véritable éducation de l'homme, de tout ce qui polit ses œuvres, son langage, son corps même ; et plus vous vous sentirez d'énergie, plus vous devriez éprouver une religieuse crainte de l'exercer sur la société humaine, certain que vous seriez de la blesser, de la troubler, dans votre ignorance de tout ce qui fait le charme, la délicatesse et la grâce.

» Mais si, bravant cette crainte salutaire et légitime, vous lanciez sur le monde votre puissance inéduquée, inattendrie, non polie par l'influence pacifique, tendre, indulgente de la femme, je le répète, vous pourriez être un bourreau envoyé par la Providence pour détruire, pour gaspiller les puissants germes de la vie qui seraient en vous, mais vous ne donneriez pas la vie, vous ne guéririez, vous ne sauveriez, vous n'engendreriez personne.

» Enfin, si plus audacieux encore, vous osiez parler de la femme, de ses droits, de ses devoirs, de ses relations avec l'homme, votre conscience vous répondrait elle-même : de quoi parles-tu ? tu ne l'aimes pas et elle ne t'a point aimée.

» Eh quoi ! vous me parlez de votre mère ? à moi, femme, vous m'en parlez publiquement et c'est pour dire qu'afin de *se débarrasser de vous* elle vous envoyait à l'école ! et pour compléter le tableau, vous racontez, en vous en glorifiant, qu'à la maîtresse d'école, chargée de vous instruire, *excellente fille*, dites-vous, vous avez jeté le martinet à la figure ! et vous terminez en lançant avec fatuité le nouvel éloge de votre personne : *j'ai toujours été un sujet désobéissant.*

» Allez, continuez, Monsieur, faites votre apologie, essayez de nous dire quel sujet vous avez toujours été. Vous verrez qu'il vous sera impossible de trouver dans la litanie de vos vertus un seul attribut de l'être social et civilisé, parce qu'il n'y a d'homme social et civilisé que celui qui a su assouplir, adoucir ses qualités viriles sous l'influence de son amour et de son respect pour la femme, mère, épouse, ou citoyenne.

» Quoi ! vous nous refusez, sinon le titre, du moins la qualité de citoyenne, de membre de la société humaine, et vous prétendez qu'en effet nous ne formons et ne pouvons pas former société avec l'homme.

» Certes, si vous cherchez les preuves de cette assertion dans le passé et dans le présent, il vous sera facile de prouver que l'homme a toujours tenu la femme en dehors de la société des hommes, personne de nous ne conteste le fait, puisque c'est contre lui que nous protestons pour l'avenir. Mais il s'agit entre vous et moi du droit et non du fait. Or, ouvrez l'histoire, ou bien examinez les sociétés existantes en ce moment sur le globe et dites, si, en même temps que les peuples se civilisent, adoucissent leurs mœurs, augmentent leur savoir et leur aisance, la femme ne se rapproche pas de plus en plus de la société civile, si elle ne s'y introduit pas, de plus en plus, par plusieurs portes, depuis celle qui mène au trône jusqu'à celle de cette pauvre maîtresse d'école que vous avez si puérilement outragée; dites si elle aussi, la femme n'a pas conquis, chaque jour, comme l'homme, un nouveau grade de liberté, de dignité, de noblesse sociale.

» Vous affirmez qu'il existe un principe qui gouverne les rapports entre individus de sexes différents; que ce principe différent de la justice, et qui cependant n'existerait pas sans la justice, n'est pas l'amour, et vous laissez à ma *pénétration le soin de débrouiller ce mystère.*

» Je n'admets pas ce ridicule enfantillage d'énigmes à deviner entre nous. Si vous connaissez le prin-

cipe qui gouverne les rapports des sexes, ou ce
principe est déjà connu, professé, enseigné et il est
peu convenable de me proposer de le *deviner;* ou
bien vous en avez seul connaissance et alors pourquoi garder la lumière sous le boisseau? Avez-
vous peur que nous vous prenions pour un révélateur et que nous ne soyons brûlés par votre
gloire?

» Non, Monsieur, c'est bien la justice qui gouverne ou du moins qui règle les rapports des sexes,
comme c'est elle qui règle les rapports de toutes
choses; c'est la justice qui les règle, en tenant compte
des facultés spéciales de chacun d'eux et de leur
destinée commune, des nécessités de leur vie propre
et de leur existence sociale.

» Vous craignez qu'en nous appliquant le principe
de justice qui règle les rapports des hommes entre
eux, cette application nous soit défavorable et nous
condamne à l'esclavage. Je le crois sans peine, précisément parce que le prétendu principe de justice qui règle les rapports des hommes entre eux est
un principe exclusivement viril, conséquemment
contraire à l'homme lui-même, un principe brutal,
exclusivement répressif, compressif, comportant
encore la peine de mort et la guerre, ne renfermant rien, en lui-même, qui facilite et consacre le

rôle que la mère, la fille, l'épouse remplissent pourtant, en dehors de la justice et de la loi, pour améliorer, civiliser le citoyen.

» Certainement, tant que le principe de justice qui régit la société sera conçu comme devant régir une société d'hommes autorisés à s'accoupler avec des femmes, comme à posséder des troupeaux de bestiaux ou un chien fidèle, vous avez raison, nous serons légalement esclaves et jamais citoyennes.

» Mais, Monsieur, franchement, est-ce là de la justice ?

» Soyez sûr que vous vous abusez étrangement si vous pensez qu'il puisse y avoir un principe de véritable justice qui règle les rapports des hommes entre eux, indépendamment de cette simple idée que ces hommes sont fils de femmes, époux de femmes, pères de femmes ; il vous semble dans votre orgueil mâle, que Dieu a fait un code pour les hommes, que peut-être en a-t-il fait un pour les femmes, mais que certainement il ne s'est pas donné la peine d'en faire pour la famille, pour la société humaine, hommes et femmes.

» Vous vous proposez, Monsieur, de m'en faire » servir d'expérience » ce sont vos expressions, et de faire mon autopsie intellectuelle et morale (c'est toujours votre langage) comme vous avez déjà fait celle de cinq ou six femmes du plus grand mérite.

» Je ne sais si le code des bienséances futures permettra de pareils actes et même simplement un pareil langage, mais soyez certain que les femmes les trouveront toujours peu dignes d'elles.

» Vous ne deviez pas craindre cependant d'être taxé d'inconséquence et d'être accusé, comme vous semblez le redouter, de me traiter en égal, si vous aviez employé les formes que la décence impose aujourd'hui aux supérieurs envers leurs inférieurs ; *noblesse oblige* ; et, dans votre opinion même, vous me surpasseriez d'autant plus que vous me traiteriez, sinon comme un enfant, au moins comme une femme. Vous qui fûtes toujours un *sujet désobéissant*, réservez vos martinets pour vos supérieurs, et dispensez-vous de flatter mon orgueil en me traitant comme eux. C'est le conseil que vous donne une femme qui se sentirait heureuse, pour vous, si elle contribuait à vous inspirer une plus haute idée de la liberté et de la dignité qu'elle réclame pour son sexe. »

L'année suivante (1858), ce fut encore à une célébrité contemporaine, qu'Enfantin se crut obligé d'adresser directement une protestation solennelle. Mais ce ne fut pas l'exagération de l'individua-

lisme mâle et athée qu'il eut à combattre, au nom
du Dieu vivant dans tout ce qui est. Sa révolte
religieuse éclata cette fois contre le socialisme
mystique, qui ne sanctifie que la moitié de cet être
infini et ne poursuit que l'association et la félicité
des esprits, à travers d'impitoyables dédains et de
perpétuels anathèmes pour les corps.

Un éloquent prédicateur, le P. Félix, dans une
série de conférences à Notre-Dame de Paris, en
mars 1858, avait habilement revêtu de formes
brillantes l'austérité, pour ne pas dire l'inhumanité
de l'exclusivisme spiritualiste, dont le mépris pour
la chair, s'il était rigoureusement pratiqué, abouti-
rait à ne faire bientôt qu'une nouvelle Thébaïde de
notre société moderne, si justement fière et jalouse
de ses progrès matériels. Enfantin éleva la voix
pour cette société perfectible, menacée de la colère
divine pour son ardeur à faire usage du don divin
de la perfectibilité. Dans sa réponse au P. Félix,
il signala au célèbre jésuite le siége réel du mal
social et le véritable remède religieux à appliquer.
Nous ne citerons ici [1] que l'appel fraternel qui termine cet écrit, et que le chef suprême du saint-
simonisme crut pouvoir adresser au prédicateur

1. La réponse au P. Félix sera publiée *in extenso* dans les
OEuvres.

catholique, après qu'un prêtre de l'Église romaine, l'abbé Cœur, élevé depuis à l'épiscopat, lui
avait donné le nom de *frère*.

Post-Scriptum de la réponse au P. Félix :

« Mon frère,

» Au moment où je termine cette réponse, je re-
çois votre sixième conférence. C'est toujours l'a-
mour et l'imitation de la souffrance et de la misère
de J.-C., et non la passion de faire cesser la souffrance et la misère du Christ incarné en nous et
dans nos frères.

» Heureusement vous confessez que la Providence veut aujourd'hui une rénovation, un immense progrès de l'amour de J.-C., et vous vous
écriez : « Ce progrès, comment s'accomplira-
t-il ? »

» Il s'accomplira , mon frère, en ramenant
l'amour du Dieu vivant parmi les vivants, après
l'avoir si longtemps consacré au divin mort; car
le divin mort est immortel et vit aujourd'hui,
comme hier, comme demain. Il vivait avant Hé-
rode et après Pilate ; il EST en vous, en moi, en
tous, de toute éternité, en tout lieu, dans toute vie.

Il est notre amour même, notre bonté pour nos frères pauvres et souffrants. C'est lui qui nous commande, non de nous rendre pauvres et souffrants, nous-mêmes, mais d'aider nos frères pauvres et souffrants à se guérir de leur misère et de leurs douleurs, afin qu'ils puissent bénir Dieu de leur avoir donné la vie, et nous bénir nous-mêmes pour avoir communié avec eux par notre concours fraternel...

» Mon frère, le monde ne voit pas le Dieu vivant, toujours présent; montrez-le-lui. Je le vois en vous, à cet instant même, tandis que vous ne le voyez ni en moi ni dans nos frères, et que vous ne nous le montrez que sur la croix au temps de Pilate. Je le sens en moi, quand j'ose me défendre contre vous; il est mon bouclier et ma force, car j'affirme à vous et à tous que MAINTENANT SON ROYAUME EST DE CE MONDE.   P. ENFANTIN. »

Enfantin avait non-seulement bien étudié et bien compris Saint-Simon, il avait lu aussi les belles pages de de Maistre, le papiste qui signalait avec enthousiasme la marche du monde vers l'unité par la réconciliation de la foi avec la science, et on ne citait nulle part aussi souvent que dans l'école saint-simonienne ce passage remarquable des *Considérations sur la France*, déjà rappelé par nous et que nous ne saurions trop répéter :

« Lorsque je considère l'affaiblissement général
des principes moraux, la divergence des opinions,
l'ébranlement des souverainetés qui manquent de
base, l'immensité de nos besoins et l'inanité de nos
moyens, il me semble que tout vrai philosophe
doit opter entre ces deux hypothèses, *ou qu'il va
se former une nouvelle religion, ou que le christianisme sera rajeuni de quelque manière ex-
traordinaire.* C'est entre ces deux suppositions
qu'il faut choisir, suivant le parti qu'on a pris
sur la vérité du christianisme. Cette conjecture ne
sera repoussée dédaigneusement que par ces hommes à courte vue, qui ne croient possible que ce
qu'ils voient. Pline, comme il est prouvé par sa
fameuse lettre, n'avait pas la moindre idée de ce
géant dont il ne voyait que l'enfance. »

Enfantin s'était constamment montré convaincu,
dans l'exercice de sa suprématie apostolique, dans
ses enseignements oraux et dans tous ses écrits
dogmatiques, que le saint-simonisme pouvait et
devait être considéré comme identifiant en lui les
deux hypothèses, comme réalisant la double conjecture de de Maistre, c'est-à-dire comme constituant
certainement une religion nouvelle et n'étant aussi
en même temps que l'expression du développement

progressif de la religion chrétienne, **ou le chris**-
tianisme *rajeuni*, tel que de Maistre pouvait l'entendre et que Saint-Simon l'avait **compris,** quand
il avait appelé son dernier ouvrage : *le Nouveau
christianisme*.

C'est cette conviction dans Enfantin **qui** lui avait
inspiré notamment ses *Lettres à un catholique*,
publiées en 1847, et sa réponse au P. Félix, en
1858. Ce sera encore sous la même inspiration que
nous le verrons écrire deux ans après, **au** nom de
son disciple Desplanches, à l'évêque d'Orléans
(M. Dupanloup), une lettre qui devait susciter quelque opposition parmi ses amis et lui donner par
là l'occasion de manifester encore mieux sa pensée
à l'égard du catholicisme.

Mais revenons à l'année 1858.

En cette année, l'Académie des sciences morales et politiques avait posé, dans le programme
de ses prix, des questions qui touchaient de près
aux problèmes dont le saint-simonisme annonçait
la solution. Enfantin en fut ému et écrivit à ce sujet
la lettre suivante à Guéroult, alors rédacteur en
chef de la *Presse* :

« 9 août 1858.

» Mon cher Guéroult,

» Je vois par le compte rendu de la séance pu-

blique annuelle de l'Académie des sciences morales
et politiques, que les prix avaient été proposés pour
les questions suivantes :

» 1° Section de morale : Déterminer *les rapports
de la* MORALE *et de l'économie politique*. — Expo-
ser les changements survenus en France, depuis
la Révolution de 1789, dans la condition *matérielle*
ainsi que dans *l'instruction des classes ouvrières*,
et rechercher quelle influence ces changements ont
exercée sur l'état de leurs habitudes MORALES.

» 2° Section d'économie politique : Études des
causes qui déterminent le taux plus ou moins élevé
des *rentes ou fermages*.

» 3° Section d'histoire générale et philosophique : Examen de la condition des *classes ouvrières*
en France, depuis le douzième siècle jusqu'en 1789.

» 4° Prix quinquennal : Le meilleur ouvrage
sur le *paupérisme* et les moyens d'y remédier.

» 5° Prix Bordin : Rechercher et déterminer les
principes de la MORALE, considérée comme *science*.

» 6° Section de législation et de droit public :
Rechercher les origines, les variations et les progrès du *droit maritime international*, et faire
connaître les rapports de ce droit avec l'état de *civilisation* des différents peuples.

» Le spirituel article dans lequel notre ami E.

Pelletan rend compte de cette séance annuelle, m'a laissé désirer plusieurs choses que je vais tâcher d'exprimer :

» Avant tout, un hommage franc, loyal, complet, à la réunion d'hommes éclairés qui a provoqué le travail des esprits dans la direction excellente indiquée par la nature des questions posées.

» Ensuite, l'énoncé de ces mêmes questions, non-seulement à cause de leur importance, mais parce qu'elles sont remises au concours et que la *Presse* ne saurait leur donner trop de publicité.

» Enfin, l'annonce des nouveaux prix proposés, puisque, parmi eux, je trouve :

» 1° Mémoire sur les institutions de *crédit* dans leurs rapports avec le *travail et le bien-être des classes peu aisées;*

» 2° De l'influence des peines sur la MORALITÉ publique;

» 3° Examen des *crises commerciales ;*

» 4° Meilleur mémoire sur une question politique, ou sur la vie d'un économiste illustre, français ou étranger. Pour l'année 1860, l'Académie propose l'éloge de TURGOT.

» Je le répète, l'Académie des sciences morales et politiques me paraît mériter elle-même au plus haut point l'éloge et la reconnaissance publique pour la direction qu'elle cherche à donner ainsi aux esprits élevés et aux cœurs généreux de notre époque. Elle répond de la manière la plus claire aux attaques aveugles ou intéressées des esprits rétrogrades qui ne veulent voir eux-mêmes que rétrogradation et démoralisation dans les progrès *matériels et intellectuels* du peuple, et qui prétendent que les vrais soutiens et conservateurs de la morale divine sont l'ignorance et la misère, par lesquelles sont maintenus dans les masses l'obéissance et ce qu'ils osent appeler l'ordre.

» L'Académie proclame ouvertement qu'elle considère l'élévation du *bien-être matériel des classes peu aisées* et leur développement *intellectuel*, non-seulement comme des moyens puissants d'élévation du niveau de la MORALITÉ humaine, mais aussi comme des conséquences forcées, nécessaires, logiques et providentielles de la marche naturelle de la civilisation, telle qu'elle est manifestée par l'histoire.

» La *Presse* ne saurait trop approuver et mettre en lumière de pareilles doctrines, lorsqu'elle a le bonheur de les voir consacrées et professées par le corps spécialement constitué pour diriger et modérer en même temps le travail et le mouvement intellectuel.

» M. Granier de Cassagnac disait dernièrement [1],
en parlant de nous : « Le rétablissement de l'or-
» dre, le réveil des affaires, l'affermissement du
» crédit, le développement de la prospérité pu-
» blique, n'ont pas eu d'auxiliaires plus ardents et
» plus éclairés ; la Banque leur doit plus d'initia-
» tive, plus d'intelligence et d'efficacité dans l'em-
» ploi des capitaux et du crédit, et un horizon
» d'affaires inconnu jusqu'à eux. Ce sont là des ser-
» vices réels et sérieux rendus à la société, qu'il se-
» rait injuste de méconnaître et qu'aucune autre
» doctrine sociale n'aurait le droit de revendiquer.
» Les saint-simoniens peuvent donc se vanter et
» s'honorer d'avoir contribué, par leurs opérations,
» à étendre le *bien-être général* et à diminuer la
» *misère.* »

» Comment donc ne féliciterions-nous pas hautement l'Académie des sciences morales et politiques
d'employer sa haute puissance initiatrice à donner
l'exemple et l'impulsion, dans cette large voie où
l'humanité s'engage si vaillamment ?

» J'écrivais en 1847 : « Depuis 1830, on a
» conservé l'ordre des quatre Académies ; mais
» l'on a ajouté, *à leur suite,* une cinquième : l'A-

---

1. *Réveil* du 7 août.

» cadémie des sciences morales et politiques.
» D'après l'importance relative véritable, celle-ci
» devrait être *en tête* des quatre autres. »

» Et j'ajoutais : « En ce moment *l'intelligence*
» humaine rêve aux moyens de pourvoir aux inté-
» rêts *matériels* et MORAUX de l'humanité. Les sa-
» vants qui sont dans cette voie, quels que soient les
» écarts de leur pensée, sont évidemment dans la
» route de l'avenir, quand bien même ils seraient
» traités par les grands génies de nos jours comme
» ont été traités Chateaubriand, Mme de Staël et
» tous les *idéologues*, pères de l'Académie actuelle
» des sciences morales et politiques, par le plus puis-
» sant génie des temps modernes, par Napoléon. »

» Or, aujourd'hui, l'Académie des sciences morales et politiques est largement dans cette voie, qui
est également celle où le gouvernement actuel a fait
accomplir des pas immenses à la France qui, elle-
même, entraîne le monde à sa suite dans cette direction éminemment pacifique, moralisante et vraiment religieuse.

» Applaudissons donc partout où nous voyons se
manifester le désir d'améliorer le sort MORAL, *intellectuel* et *matériel* de l'humanité, en commençant
par les êtres qui sont le plus dénués de MORALITÉ,
de *lumières* et *d'aisance* ; applaudissons surtout

quand le BON VOULOIR est uni au *savoir*, qui peut
le propager, et au *pouvoir*, qui peut le *réaliser*.

» P. ENFANTIN. »

A la même époque, Enfantin publia son livre
intitulé : SCIENCE DE L'HOMME. — PHYSIO-
LOGIE RELIGIEUSE. Il y joignit les *Mémoires de
Saint-Simon sur la science de l'homme et sur
la gravitation universelle*, avec une épître dédicatoire à Napoléon Ier. Il plaça lui-même, en tête
de son œuvre nouvelle, une lettre à l'empereur
Napoléon III, dans laquelle il disait en commençant :

« 15 août 1858.

» SIRE,

» Votre Majesté jouit du privilége de s'identifier
avec la vie d'un illustre mort. C'est l'explication et
la cause de votre puissance. Vous sentez que vous
continuez son œuvre ; vous croyez que cette grande
âme jouit du bien que vous faites et souffrirait du
mal que vous pourriez commettre. Vous êtes inspiré
de cette merveilleuse vie ; vous avez foi qu'elle est
toujours présente, qu'elle est, EN VOUS, votre sau-
vegarde et votre guide, et que Dieu vous ordonne
de vous efforcer de la rendre, EN VOUS, plus grande
encore qu'elle ne le fut EN CELUI dont vous cultivez
l'héritage.

» C'est pourquoi j'ose vous adresser cet ouvrage.

» Les deux parties qui le composent ont été écrites, à près d'un demi-siècle d'intervalle, par Saint-Simon et par moi.

» Saint-Simon adressa la portion de son œuvre qui a pour objet *la gravitation universelle*, à l'empereur Napoléon Ier. C'était en 1813; la coalition de l'Europe contre la France était déjà terrible; l'Empire touchait à sa fin. Saint-Simon intitula sa dédicace : *Moyens de forcer les Anglais à reconnaître l'indépendance des pavillons.*

» L'Empereur ne put certainement pas lire l'œuvre du philosophe. Je la mets sous les yeux de Votre Majesté, au moment où Son Empire est, au contraire, dans la plénitude de sa puissance et de sa gloire.

» De même que vous sentez vivre Napoléon en vous, je sens l'homme dont je porte l'héritage et qui vit en moi, se réjouir de ce que j'adresse à l'héritier de Napoléon la même requête qu'il remettait en 1813 à l'Empereur, à l'effet de terminer la crise de dissolution et d'enfantement dont l'humanité est agitée depuis trois siècles, par la création de l'organisme social nouveau qui doit succéder à l'organisme mourant du passé..... »

Enfantin terminait ainsi sa dédicace :

« Sire,

» L'Empereur des Français a certainement foi
que le jour où ce peuple généreux voudra employer
à maîtriser les forces de la nature, la valeur, l'é-
nergie, l'habileté, qu'il a si vaillamment consacrées à la lutte de l'homme contre l'homme, il
conservera dans la paix le rang glorieux qu'il a
conquis par la guerre. Le peuple français sera plus
que jamais alors le premier peuple de la terre, et
sa puissance sera bénie de tous, puisqu'elle sera à
tous profitable.

» C'est parce que j'ai foi moi-même que telle est
la ferme croyance de l'Empereur, que je me déclare hautement,

» Sire,

» de Votre Majesté,

» le très-respectueux et dévoué serviteur,

» P. Enfantin. »

Cette dédicace devint un prétexte d'attaque et
servit de point de mire à quelques hommes qui,
par puritanisme libéral ou démocratique, se
croyaient tenus de garder une attitude de fron-
deurs systématiques à l'égard de l'empire. Enfantin, l'inspirateur du *Crédit*, qui avait suivi la
bannière du républicain Cavaignac, leur semblait
varier et faiblir politiquement, par l'hommage so-

lennel qu'il adressait à l'héritier de Napoléon. Ceux
qui connaissaient mieux le chef du saint-simonisme et qui avaient partagé ou même compris
seulement l'élévation, l'étendue et la portée lointaine de ses vues, ceux-là savaient bien que toutes
les fois qu'il avait recherché l'occasion d'aborder
les personnages politiques, princes ou ministres,
sous les divers régimes que la France avait tra-
versés, il ne l'avait fait qu'en apôtre, attentif à la
marche des événements et toujours empressé de
parler et d'agir pour les faire tourner le plus possible au profit de sa cliente bien-aimée, la classe la
plus nombreuse et la plus pauvre. Le mécanisme,
la forme du gouvernement et le nom des gouvernants n'étaient pour lui que des questions
secondaires; les actes qui pouvaient améliorer la
condition morale, intellectuelle et matérielle des
gouvernés, et réaliser partout son idéal religieux,
faisaient avant tout, par-dessus tout, l'objet de sa
sollicitude politique. Pourquoi donc s'étonner si
les révolutions gouvernementales n'altèrent point
en lui l'ardeur apostolique qui le pousse à se rapprocher des superbes pour les conseiller dans l'intérêt des humbles? Pourquoi rechercher dans les
diverses phases de sa vie des preuves d'une adhésion alternative à la monarchie et à la république,

quand il s'est constamment attaché à démontrer
que son esprit planait sur l'une et sur l'autre;
quand il a toujours porté en son âme et exprimé
par sa parole ou par sa plume, ce que son disciple
Lemonnier proclamait en 1832, au bruit de la
canonnade de Saint-Merry [1]?

En 1858, Enfantin et ses disciples pensaient
comme en 1832; ils n'avaient pas cessé d'élever
leur politique de progrès général et de bienveillance universelle au-dessus des haines et des luttes
de parti. S'ils invoquaient les puissances de la
terre, ce n'était pas pour les flatter, mais pour les
éclairer sur les vœux et les besoins des peuples.
Nous en trouvons un témoignage éclatant dans cette
dédicace même qui fut reprochée, dans une feuille
publique, comme un acte d'adulation, au chef du
saint-simonisme. « Sire, y disait Enfantin, personne
plus que Saint-Simon, plus que moi, n'a respecté la
puissance; je sais que Dieu ne l'a pas concédée ou
tolérée en vain; je sais tout ce qu'elle pourrait accomplir pour le bonheur des hommes; j'ai foi que
la destinée des Constantin, des Clovis, des Char-
lemagne, n'est pas finie, et qu'elle est au contraire
plus nécessaire que jamais, depuis que les souverains

---

1. Ce manifeste a été publié en entier dans notre VII⁰ volume,
aux pages 115, 116 et suivantes.

portent tous, soit en droit, soit en fait, la double
couronne temporelle et spirituelle, et que la conscience religieuse n'a plus réellement pour maître
que le mythe suprême de la liberté.

» Les peuples sont tellement désireux de l'ordre,
de la paix, du travail, ajoutait Enfantin, qu'ils ac-
clament ardemment et aveuglément même la puissance qui les leur promet ; envers celle qui les leur
donnerait, ils pousseraient l'amour jusqu'à l'idolâtrie, ils s'abaisseraient devant son autorité, s'il ne
fallait pas, pour qu'ils fussent dignes de ces dons,
qu'ils les conquissent eux-mêmes par leur propre
valeur, et par conséquent dans leur pleine *liberté*. »

Disons aussi qu'Enfantin ne se bornait pas, dans
son épître dédicatoire à l'Empereur, à annoncer
une gratitude conditionnelle pour des bienfaits
éventuels. Son hommage solennel venait après que
l'auteur de l'*extinction du paupérisme* avait ma-
nifesté, dans l'exercice du pouvoir suprême, la
constance de ses vives sympathies pour les classes
laborieuses, pour l'amélioration du sort des masses
populaires par la paix et le travail ; et l'apôtre du
bon socialisme ne croyait pas faire acte de courti-
san à reconnaître que ce qu'il avait espéré en vain
des régimes précédents était pris en sérieuse con-
sidération depuis 1852, et commençait à s'intro-

duire dans nos traités comme dans nos institutions
et dans nos lois, au profit de l'ouvrier, de la vieillesse et de l'enfance.

Mais tandis que le puritanisme démocratique
s'offusquait de la dédicace d'Enfantin, le fanatisme
catholique se scandalisait du livre même dédié à
l'Empereur, et dictait une triple dénonciation contre
cet ouvrage à un homme d'ailleurs recommandable
par son mérite et son savoir, et qui manquait seulement d'un frein rationnel assez fort pour contenir
les ardeurs de son intolérance spiritualiste. Il y
avait obscénité, aux yeux de l'adorateur exclusif
de l'esprit, là où l'auteur de *la Science de l'homme*,
parlant scientifiquement et religieusement de la
réhabilitation de la chair et de l'existence de la
matière dans le sein de l'infini, dans le sein de
Dieu, concluait à la sanctification des fonctions
créatrices dans lesquelles la créature se rapprochait le plus de la puissance du créateur.

La dénonciation fut adressée à l'archevêché et
au parquet, et le chef de l'État en reçut même une
copie dans une lettre où l'auteur annonçait l'intention de dénoncer encore le livre qui le scandalisait *par voie confidentielle, aux hommes notables
de la science et des lettres, pour en finir,* disait-
il, *avec cette prétendue religion nouvelle qui de-*

puis trop longtemps salit les âmes et déshonore la raison. Un exemplaire de cette pièce autographiée fut communiqué à Enfantin, qui l'a conservé dans ses archives.

Cet acte de fanatisme spiritualiste ne valut pas à son auteur toute la satisfaction qu'il avait pu en attendre. Le livre dénoncé comme obscène conserva, auprès des gens sérieux, le caractère scientifique et religieux qu'Enfantin avait voulu lui donner. Le chef de la doctrine qui faisait rentrer la matière dans le sein de Dieu, et qui réhabilitait logiquement la chair, eut néanmoins à fournir quelques explications à des membres du ministère public et à conférer même avec l'organe le plus élevé de l'ordre judiciaire. Enfantin s'en ouvrit à Arlès dont la réponse ferme et hardie lui fit dire : — Il paraît que vous tenez à me voir retourner à Sainte-Pélagie ; j'espère l'éviter. — Cet espoir ne fut pas trompé, les pourparlers prévinrent les poursuites.

LI

(1859)

Le 3 janvier 1859, Enfantin écrivait à Arlès :
« Cher ami, vous avez écrit à Henri une bien bonne lettre, bien bonne pour lui et surtout pour

moi. Je vous assure que c'est un baume qui calme le sang, et j'en ai bien besoin cette année, la plus rude que j'aie jamais passée. J'espère que ce baume est aussi bon pour vous-même qui me l'envoyez si délicatement par la main d'un bon enfant, heureux de l'apporter à son père. Je suis bien sûr que notre *saint* poëte de Dieu, que je n'ai pas vu depuis, en a été bien joyeux aussi. Quel cœur il a ce gaillard-là !

» Ce soir, grand émoi à la Bourse. L'Empereur aurait dit à M. de Hubner : — Je regrette que votre gouvernement ne s'entende pas mieux avec nous. — Je crois bien que la peur de la Bourse n'ira pas encore très loin, mais gare aux *Lombards !* »

La question italienne venait d'être posée. Arlès espérait cependant que la guerre n'aurait pas lieu, et il le témoignait à Enfantin qui lui répondit, le 7 janvier : « Je pense que le *Moniteur* d'aujourd'hui aura confirmé vos espérances pacifiques. Ici, on continue à être ému. Guéroult, qui croit toujours à la guerre, a fait hier une visite d'où il est sorti plus que croyant. »

Les événements allaient se précipiter, et il y avait néanmoins dans les hautes régions un courant en sens inverse de l'entraînement belliqueux des amis

de l'Italie. « Les gens de cœur, d'après Richem…,
écrivait encore Enfantin le 14 janvier, disent que
l'émotion actuelle est une panique de *boursicoteurs*,
et non une manifestation *d'opinion publique* FRAN-
ÇAISE. En tout cas, serrons nos voiles et regardons
passer la JUSTICE DE DIEU. »

Contrairement à l'appréciation pacifique des circonstances par quelques courtisans, le différend
avec l'Autriche s'aggravait de plus en plus. Guéroult, dans *la Presse*, constatait et légitimait le
mouvement des esprits en faveur de l'indépendance
italienne. Enfantin, qui ne cachait pas ses sympathies pour cette grande cause, disait à Arlès, dans
une lettre du 26 janvier : « Vous avez dû lire avec
plaisir le petit article de Guéroult sur les grands
articles de Sacy et d'Havin. Ces deux grands articles étaient d'ailleurs très-curieux, comme *avancés
vers la solution-guerre*. »

Enfantin s'occupait dès lors de constituer les archives du saint-simonisme, et il avait provoqué la
formation d'une société pour subvenir aux frais de
leur fondation et de leur entretien. « J'ai d'aujourd'hui en main, avait-il dit le 23 janvier à un
de ses amis, l'acte de société des archives sur papier timbré. J'espère donc que cela va enfin marcher. » Nous verrons plus tard les résultats qui

étaient réservés à sa persévérante sollicitude pour les monuments écrits de la doctrine dont il avait été la plus haute personnification et l'organe suprême.

A travers des fluctuations externes et des alternatives pacifiques ou belliqueuses, les événements continuaient au fond de marcher vers une grande conflagration. « Croyez toujours à la guerre, écrivait Enfantin à Arlès, le 30 janvier, ou du moins à une situation générale qui ne vaudra guère mieux. Je crois que Rothschild et Péreire écoulent tout ce qu'ils peuvent, et que c'est pour cela seul qu'il y a, par instant, des apparences de reprises. »

« Je suis tellement convaincu, disait-il encore le 13 février, que l'année actuelle et les suivantes vont exiger dans les affaires toutes les *qualités* de la jeunesse et aucun des *défauts* de la vieillesse, que je ne fais presque aucun cas de ce qu'on appelle *une expérience consommée.* Les bottes de sept lieues du petit Poucet, la fine oreille qui entend germer, l'œil qui voit une mouche sur les tours de Notre-Dame, la taille souple comme un jonc, voilà ce qu'il faut pour danser la grande farandole que l'Empereur se dispose évidemment à jouer. Rothschild lui-même aura peine à suivre. »—« J'ai fait dîner ensemble lundi S... avec G..., en amis, et le lendemain S... a signé l'avertissement donné à *la Presse*. Cette tactique me paraît digne de remarque, car l'article averti n'est pas plus vif que tous les précédents, et même que le bulletin du jour. Ceci annoncerait donc un *recul apparent*. *La Presse* me semble destinée à recevoir des coups dans cette bagarre diplomatique. » (Lettre du 17 février.) Le lendemain, la simple apparence du *recul* est expliquée à Arlès en ces termes : « Ne comptez pas pour grand'chose l'avertissement à *la Presse*. Ce n'est qu'une tactique de nécessités diplomatiques. Les chances de guerre ou du moins d'attente de guerre sont les mêmes. » Le 22, nouvelle lettre d'Enfantin à Arlès :

« J'ai dîné hier chez D... avec Paulin et quelques autres amis, dit-il ; ils sont toujours déroutés, dévoyés, ne comprenant rien à ce qui se fait, et croyant à une coalition des rois et des bourgeois, sans compter pour rien le prolétaire et le militaire. Ils n'ont pas plus lu Vinçard qu'ils n'ont lu les œuvres de Napoléon III. Ils en sont où en étaient les *burgraves;* ils croient qu'ils vont lui faire peur, le faire reculer, et même l'envoyer à Cayenne ou à Sainte-Hélène, ou tout au moins à Mazas. Ils diraient presque comme Changarnier : *Députés, délibérez* LA *paix!*

» La Bourse continue à trembler. Je crois toujours que cette année elle en verra de cruelles. »

La correspondance continue et renferme toujours quelques mots sur la question qui préoccupe tout le monde.

1er mars. — « Toujours à la guerre, cher ami; le dernier article de Guéroult est bien curieux, — attention! »

5 mars. — Enfantin commence par annoncer l'accueil chaleureux qu'a reçu à l'Opéra l'*Herculanum* de David. « Beau et franc succès, dit-il; on ne dira pas que ce sont les amis de David qui l'ont fabriqué; nous n'étions pas vingt... Auber applaudissait de très-grand cœur, Berlioz prenait de nombreuses notes, avec un sérieux magistral, les dames parlaient sous leurs diamants comme d'ordinaire, mais les hommes applaudissaient franchement. L'Empereur, qui devait venir, n'est pas venu; il a bien autre chose à faire que d'entendre de la musique; *le Moniteur* de ce matin le prouve. Je ne sais comment le P. N. prendra le démenti donné au *Times* ce matin et la grande reculade qui précède ce démenti... Les affaires s'engageant et s'embrouillant par Rome, Modène, Parme, la Toscane, le jeu maintenant est de faire le pacifique, de lâcher la corde et de laisser causer. On ne sera prêt d'ail-

leurs que vers septembre. Heureusement pour Guéroult qu'il n'est plus dans l'arène, il aurait reçu
les éclaboussures de la reculade. Gare aux haus-
siers de la Bourse avant un mois ! »

21 mars. — « On est à la hausse aujourd'hui,
mais cela ne prouve rien encore. Il paraît qu'à la
revue d'hier, il n'a été dit aucune parole significa-
tive... La santé va très-bien, mais le tremblement
des mains très-mal J'en ai tant avalé de toutes les
couleurs, des embêtements, des insultes, des huées !
c'est à faire trembler. — Adieu, mon vieux camarade, nous rirons bien... un jour.

» P. ENFANTIN. »

La guerre éclata selon les prévisions d'Enfantin
et plus tôt qu'il ne l'avait cru. Elle fut rapide, glorieuse et féconde pour la France et pour l'Italie.
Au moment où les préliminaires de la paix furent
signés, Enfantin s'était retiré à la campagne (à
Saint-Germain), d'où il écrivait à Arlès qu'il ne
lisait presque plus de journaux, de sorte qu'il n'a-
vait pas eu connaissance du discours de M. de
Morny qui lui était signalé. Il était assez content de
sa santé, se plaignant seulement de ses jambes
qu'il trouvait *faibles, molles, cotonneuses.* L'automne le fit sortir de sa retraite, il fit des excursions en province, et il s'en trouva bien malgré le

mauvais temps. « J'ai eu le bonheur depuis un mois, écrivait-il, le 9 novembre, de Lorient, à Arlès, de ne songer ni à la politique, ni aux affaires, ni aux sollicitations perpétuelles des uns et des autres, dont je suis si souvent accablé à Paris. De plus, je ne renonce pas du tout à aller vous dire un petit bonjour, quoique le difficile chez moi soit de me faire bouger, ce dont je porte la peine dans mes jambes qui, à leur manière, ne valent pas mieux que les vôtres. »

L'hiver le ramena à Paris; il y fut vite repris par la politique et les affaires qu'il menait toujours de front avec la méditation philosophique et religieuse. C'était le moment où la question romaine, à peine soulevée, faisait présager de vives agitations en France et en Italie. L'année 1859 allait finir; Arlès, écrivant à Enfantin, n'avait pas oublié le vœu d'usage à l'approche du nouvel an; Enfantin lui répondit :

« Cher ami, vous terminez votre lettre par : *Que Dieu nous garde pendant l'année qui va s'ouvrir.* Ce souhait m'a fait du bien, parce qu'il me prouve que vous prévoyez l'orage et que vous allez vous conduire en conséquence.

» Je suis au plus noir. Tout ce qui ne sera pas tempête me sera d'autant plus agréable, mais aueune bourrasque ne me surprendra et, j'espère, ne me noiera.

» Dieu veuille que vous vous mettiez dans cette même position. Nous sommes tellement certains que ces orages purgeront le ciel et la terre que nous devons nous mettre en mesure de saluer avec joie, sans regrets, sans souffrances privées, le jour nouveau qui se lèvera sur tous et pour tous. »

Enfantin terminait sa lettre en se disant enchanté de la fameuse brochure dont on fut beaucoup moins satisfait à Rome : LE PAPE ET LE CONGRÈS.

LII

(1860)

L'année 1860 qu'Enfantin signalait comme renfermant des orages à raison des obstacles opposés à l'établissement de l'unité italienne, l'année 1860 s'ouvrit néanmoins en France sous des auspices favorables. Le 5 janvier, l'empereur Napoléon III fit insérer au *Moniteur* une lettre qu'il avait adressée à son ministre d'État, M. Fould, pour lui recommander *un système général de bonne économie politique qui pût, en créant la richesse nationale, répandre l'aisance dans la classe ouvrière.* Cette lettre était résumée dans le programme suivant :

— Suppression des droits sur la laine et les cotons ;

— Réduction successive sur les sucres et les cafés ;

— Amélioration énergiquement poursuivie des voies de communication ;

— Réduction des droits sur les canaux, et par suite, abaissement général des frais de transport ;

— Prêts à l'agriculture et à l'industrie ;

— Travaux considérables d'utilité publique ;

— Suppression des prohibitions ;

— Traités de commerce avec les puissances étrangères.

Sous l'impression du bon accueil que ce programme avait universellement rencontré en France, Enfantin écrivait à Arlès, le 26 janvier :

« Les affaires générales marchent bien à travers les oppositions cléricales [1] et *mimerelistes* [2], et même devant la froideur du discours de la reine

---

1. Le parti clérical était alors exaspéré par les pertes et les dangers du pouvoir temporel.

2. M. Mimerel était considéré comme le chef des prohibitionnistes.

(d'Angleterre) et des cours des boursicoteurs. Le char est lancé sur les deux rails, *spirituel* et *temporel*[1].

» Le rapport de M. Magne est également à la glace et gêné. La décoration donnée à M. R... est-elle un prélude de renvoi? Le voyage de M. F... aux Pyrénées en serait-il un autre? Je ne sais, mais je serais bien surpris si l'Empereur marchait dans sa phase nouvelle avec ses hommes anciens. Maintenant que le mot est lâché, peut-être le temps de M... est-il arrivé? Peut-être lui-même, M..., comprend-il tout ce que veut et peut faire l'Empereur? Je dis peut-être, parce que je crois que malheureusement il n'en est pas encore là, et que l'Empereur n'est pour lui qu'un Louis-Philippe avancé, plus fort que son prédécesseur en toutes choses, mais plus faible que lui, M..., en économie politique et en idées sociales et religieuses; ce qui pourrait bien être une erreur, et dans tous les cas serait un obstacle à son rôle de Sully ou de Colbert.

» Les *Débats* sont bien amusants, mais M... doit leur faire faire encore une drôle de culbute,

---

1. La lettre au ministre d'État avait suivi de près celle que l'Empereur adressa au pape pour le supplier de se résigner au sacrifice des Romagnes.

en s'entendant d'ailleurs avec P..., s'ils veulent arriver réellement à un grand rôle politique. S'ils ne sont pas aussi fanatiques de leur chef Napoléon qu'ils l'ont été de leur Père Enfantin, ils resteront des conseillers officieux, avec de fort belles fortunes, mais voilà tout. »

Le 27 janvier, nouvelle lettre à Arlès, prêt à partir pour Cannes avec Cobden :

« Mon cher ami, Duveyrier m'annonce votre départ avec Cobden. Vous avez bien raison sous tous les rapports. Voici évidemment les deux grands praticiens du moment (le libérateur de l'Italie et le promoteur du libre échange). Il vaut mieux que vous veniez à l'autre après avoir touché celui-ci.

» Relisez ma lettre d'hier, elle me paraît tomber juste pour la circonstance.

» Ce n'est plus le moment de faire fi du pouvoir politique pour accomplir de grandes choses (Cobden refusait le ministère). On a pu rester en dehors ou à côté ; maintenant, on peut, et même on doit être dedans.

» Tant que cela ne sera pas, il y aura toujours en Angleterre Wighs et Torys, et en France des libéraux et des voltigeurs.

» Tous ces partis sont finis et n'ont plus de base pratique.

» Il faut que l'évolution sociale dont le monde est gros soit consacrée politiquement par l'avénement des hommes qui, comme l'Empereur, en sont les puissants auxiliaires. Il s'y est mis, il faut que les autres s'y fassent mettre.

» Je vais voir tout à l'heure Chas... pour causer nez à nez avec lui des chemins de fer, à propos de notre affaire des eaux qui est tout à fait convenue, sinon encore signée. — Adieu, cher ami, bon voyage. — P. ENFANTIN. »

La question romaine devenait de plus en plus irritante. Les ultramontains s'agitaient dans les journaux, les pamphlets et les mandements. Le 30 janvier, dans sa correspondance avec Arlès, Enfantin commence sa lettre en ces termes :

« Cela marche ferme et la Bourse a peur. Le pape se fâche et *l'Univers* est enfoncé. » — Passant ensuite aux choses de l'ordre politique, 'économique et industriel, il ajoute :

« J'ai appris avec plaisir chez Ch....., que la lettre au ministre d'État remontait au 6 octobre et précédait les négociations pour le traité de commerce. Ces négociations n'auraient pris corps qu'après le rejet par le conseil d'État du projet de loi relatif à des réductions de tarifs de douanes et à des suppressions de prohibitions. On dit à Paris que

Cobden a abordé l'Empereur en lui disant : « J'ai trente voix au Parlement qui suffisent pour soutenir ou renverser le ministère Palmerston, je viens savoir ce que vous voulez que j'en fasse. »

» L'encyclique est aussi maladroite que l'allocution au général de Goyon ; aussi le *Constitutionnel* imprime-t-il de suite sans passer par le *Moniteur*...

» La lettre au P. et la réponse sont très-bonnes. Votre projet de lettre à N., après conversation intime et complète avec Cobden, est une bonne pensée ; mais c'est délicat. Je compte toujours lui faire arriver convenablement l'idée des chemins de fer, et par qui ? par H., dès qu'il aura fini notre affaire des eaux.

» On va voir que la réduction des tarifs de transport n'est pas possible avec la constitution actuelle des compagnies concessionnaires. Le moment est donc bon pour parler de compagnies *fermières.*

» C'est D., notre collègue, qui insinuera cela à H. Je suis de plus en plus content, quoique je prévoie un assez grand gâchis, et peut-être bien le cours de 60 avant celui de 80. »

Enfantin acceptait le gâchis comme un accompagnement trop souvent inévitable dans l'élaboration des choses nouvelles. Les oscillations du baromètre financier restaient sans influence sur la fixité de ses vues sociales et religieuses, au développement desquelles il rattachait la marche journalière de la politique.

« Vous avez besoin de flairer l'air de Paris, écrivait-il le 4 février à Arlès, d'entendre les Péreire, Rothschild, Morny, d'avoir vécu avec Cobden, et peut-être avec lord Cowley ou Cavour, ou même Rouher et Haussmann, et surtout de connaître ce qu'on se propose de faire immédiatement dans les deux directions indiquées, *affaires d'Italie, affaires commerciales.*

» Je crois qu'on va passer par une émotion de quelque durée où l'on fera nécessairement des fautes des deux côtés. »

Enfantin pensait que ceux de ses amis qui pouvaient être appelés à jouer un rôle politique devaient rester simples spectateurs durant cette phase. « Ah ! si l'on faisait maison nette, ajoutait-il, je parlerais peut-être autrement ; mais je ne crois pas que nous en soyons là, quoi qu'il soit bon de s'informer si on en est près. Songez que je ne parierais pas qu'aussitôt après la conclusion de l'affaire d'Italie nous n'aurons pas maille à partir..... ailleurs.

» Les hommes providentiels sont destinés à régner sur le monde comme le Niagara, de cascade en cascade, car ils ont des montagnes à percer et à franchir. — P. ENFANTIN. »

La grande amélioration à apporter aux tarifs des chemins de fer, et partant à la constitution primitive de leur exploitation, préoccupait toujours Enfantin. Il ne négligeait aucune occasion de faire connaître et étudier le projet dont il avait parlé à Arlès dans ses dernières lettres. Le 13 février, il lui écrivait encore : « Cher ami, au bal de jeudi dernier, où je ne suis pas allé, il y avait dans un salon, devant la cheminée, un ministre, et autour de lui personne. Dans un autre salon, devant la cheminée, se tenait M., et autour de lui une foule de gros financiers.

» Le même M... était ce matin à l'enterrement de notre vieux prolétaire Béranger. J'ai été bien aise de le voir là.

» J'en ai profité pour lui donner une note sur mon énorme combinaison des chemins de fer, idée que je regarde comme une des plus fortes conceptions économiques et financières de l'auteur, et l'ai prié de m'écrire quand il voudrait en causer... »

Du 16 février : « M... ne se presse pas de répondre à la remise que je lui ai faite de mon gros projet financier, économique et politique, sur les chemins de fer...

» *Le Moniteur* d'aujourd'hui vous fera voir que
le gouvernement de l'Empereur n'est pas disposé à
laisser parler et agir les Jésuites, fussent-ils députés...

» Tous nos chemins de fer pataugent pour tâcher d'éviter les réductions de tarif. L'État pa-
tauge de son côté. Bartholony trouve que mon
projet est la vraie et la seule solution. Il va commencer à tâter l'opinion des gros bonnets avec la
note que je lui ai remise et qu'il adopte complète-
ment.

» Notre traité des eaux n'est pas encore porté
par le préfet au conseil municipal, mais cela ne
peut plus tarder, tout est convenu. Vraiment c'est
une très-jolie combinaison. — Adieu, cher ami.

» P. Enfantin. »

Trois mois après, les jours d'orage venus, sous
l'impression des événements qui s'accomplissaient
dans l'Italie méridionale, et au milieu des doléances
des spéculateurs, Enfantin continue infatigable-
ment sa correspondance. Le 21 mai, il mande à
Arlès :

« Cher ami, T... attend et espère toujours *la reprise des affaires,* ce qui me paraît toujours une
grosse erreur, du moins pour ce qu'on appelle depuis vingt ans *les affaires,* lesquelles affaires étaient

ignorées autrefois de tous les hommes d'affaires, qui pourtant ne se croisaient pas les bras.

» J'avoue que je ne saurais pleurer si les affaires où les N. N., etc., ont gagné tant d'argent, subissaient un chômage de quelque temps. J'aime assez Garibaldi [1] qui n'aide pas beaucoup la fameuse reprise des affaires, selon les gens de la Bourse, mais qui n'en fait pas moins une très-grosse affaire.

» Il y a, dit-on, tant d'autres grosses affaires du même genre qui roulent dans la tête de notre seigneur et maître, que cela éclipse les chemins portugais et celui de Pampelune, et même les Lombards.

» Adieu, cher pacifique, nous en verrons encore de rudes. Le xviiie siècle n'était qu'un moutard. — P. ENFANTIN. »

Dans une autre lettre de la même époque et adressée au même correspondant, il disait encore :

1. Le 4 juin suivant, Enfantin terminait ainsi une de ses lettres à Arlès : « Duveyrier va bien et croit que nous avons au moins un an sans guerre, grâce aux quatre-vingts et quelques-années des hommes d'État anglais. Nous avons bu à vos soixante-trois ans et à Garibaldi à Saint-Germain, *à Garibaldi saint-simon nien*, converti par Barrault, d'après Alex. Dumas. (Voir le *Siècle* de samedi.)

« Les gouvernements étrangers me paraissent pousser l'Empereur dans ses derniers retranchements, et nous savons ce qu'ils sont. Il y marche déjà assez vite par lui-même; mais si on l'y pousse, il n'y arrivera que plus vite.

» Le P... est comme vous, me dit-on, il désapprouve et grogne, toujours comme vous. Moi, j'ai foi. Vous savez assez, que tout en désapprouvant quelquefois les moyens, je suis confiant dans les résultats et même dans les intentions, comme but. Toujours est-il que les choses sont fort embrouillées. — P. ENFANTIN. »

C'était surtout l'unification de l'Italie, compliquée de la question romaine, qui maintenait l'horizon politique à l'état nuageux. Les plans de Cavour, favorisés par les sympathies de la France, se développaient toutefois progressivement de manière à faire espérer leur plein succès dans un temps plus ou moins prochain. Enfantin applaudissait à cette création successive d'un peuple nouveau dont l'affranchissement devait s'opérer aux dépens des ennemis les plus opiniâtres du *nouveau christianisme*. Il pensait aux promoteurs de cette grande œuvre quand il disait : *J'ai foi.* Nous avons entendu nous-même sortir de sa bouche ce mot de confiance et d'espoir.

Ce fut vers cette époque, qu'un libraire de Paris, qu'il avait connu dans sa jeunesse, vint lui parler d'un projet d'encyclopédie nouvelle. Il s'empressa d'en faire part à ses amis, et particulièrement à Arlès, auquel il écrivit le 28 septembre :

« Cher ami, il s'agit d'une chose assez grave où vous pouvez être très-utile. — Gide veut faire une encyclopédie sous le patronage des Péreire qui y consentent, et sous la haute direction de Michel *qui hésite*. Quoique déjà le bon public désigne l'œuvre sous le nom de saint-simonienne, on y verrait MM. Thiers, Mignet, Guizot, Villemain, ainsi que Littré, Renan, Lamartine et autres, mais aussi Fournel, Lambert, Duveyrier, etc., etc.

» Je crois que si vous écriviez à Michel de présider à ce libre échange intellectuel, vous feriez bien.

» C'est un premier effort de fusion en vue de *constituer* au lieu de *détruire*. »

Gide assurait à Enfantin que le premier écrivain de notre époque, selon Béranger, avait promis son concours de rédaction.

« Le fait est, disait Enfantin, qu'il doit désirer une grande œuvre intellectuelle en dehors des académies qui lui sont peu favorables.

» Songez à cela ; l'idée est difficile à réaliser, mais excellente et digne de nous occuper. »

La situation déplorable de l'Orient, et l'unification laborieuse de l'Italie agitaient vivement alors les hommes politiques de l'Europe. Enfantin suivait toujours attentivement la marche des événements et le mouvement des esprits. Il écrivait à son ami de Lyon, vers le même temps :

« Le pape et le sultan sont dans de beaux draps ! Voilà musulmans et chrétiens qui se mangent, sans que les deux pasteurs puissent s'en mêler. Et pourtant l'islamisme n'est pas plus mort que le christianisme; ce sont le Turc et le catholique qui meurent, l'Arabe et le protestant sont encore debout, et je crois toujours à Abd-el-Kader, et même au gallicanisme et à leur entente.

» Tout ça pourrit et mûrit, pourrit le passé et mûrit l'avenir, au moins autant que le ferait une paix dorée et plate à la Louis-Philippe. Lord Cowley confessait hier à Cobden qu'il croyait que le Turc était décidément fini. Le *Times* chante le même air. Je crois que l'empereur de Russie fait la basse de cet air-là. Nos ténors rayés vont commencer.

» Il me semble que cela va calmer les craintes prussiennes et anglaises du Rhin et de la descente.

» Je pense que nous apprendrons bientôt la

fugue du roi de Naples. Ce diable de Garibaldi m'émerveille de plus en plus; Barrault a fait là un fameux élève. Il nous a raconté dimanche son voyage de trois semaines avec ce *bandit*, dont il avait conservé très-doux souvenir. »

A ce moment, Enfantin poursuivait avec activité la formation d'une société de secours mutuels. Il y voyait un moyen de perpétuer la tradition de la famille saint-simonienne et d'assurer, par un fait vivant, la permanence et le développement du diaconat dans le sein du nouveau christianisme. Cette fondation rencontra d'abord des obstacles dont elle finit par triompher. Ces obstacles sont constatés dans une lettre qu'Enfantin rédigea et transmit à Arlès, pour être adressée par ce dernier à un éminent personnage dont il était chargé de réclamer la haute intervention. Nous y lisons ce qui suit :

« Vous savez qu'il est sorti de l'école saint-simonienne des hommes qui ont fait fortune dans le monde; il en est aussi plusieurs qui sont restés pauvres et qui depuis trente années sont chargés de travail, d'enfants, de misère ou de maladie. Les heureux ont pensé devoir venir régulièrement au secours des malheureux; et cela dans les formes prescrites par la loi, c'est-à-dire avec l'autorisation de l'administration.

» Notre demande (pour une semblable autorisation) éprouve les plus vives résistances dans les bureaux du ministère de l'intérieur ; l'esprit clérical
repousse la constitution d'une société de secours
mutuels que nous sollicitons sous le titre de : *la Famille*, et dans laquelle figurent, comme fondateurs,
MM. Émile et Isaac Péreire, Michel et Auguste
Chevalier, Fournel, Guéroult, Lhabitant, Duveyrier, Laurent et moi.

» M. N. et ses affidés nous présentent au ministre comme une dangereuse résurrection politique et religieuse de cet affreux saint-simonisme.
C'est presque une conspiration. Nous sommes convaincus au contraire que personne n'a mieux que
nous compris, admis et servi le gouvernement de
l'Empereur. Nous sommes certains qu'une société
charitable, fondée par nous, serait soustraite à l'influence dangereuse qui règne dans quelques sociétés
de ce genre où l'on s'occupe de miner sourdement
le régime actuel. Nous n'avons d'ailleurs d'autre but
que d'accomplir un devoir de charité envers des amis
moins heureux que nous. »

L'autorisation fut accordée, et *la Famille* devait
trouver place, un jour, au testament d'Enfantin,
dans les limites de la loi.

En septembre 1860, Enfantin croyait le souverain

de la France beaucoup plus préoccupé de la situation politique de l'Europe, que des questions douanières qui s'agitaient entre nous et les États allemands.

« Je doute, écrivait-il à Arlès, que l'Empereur s'inquiète beaucoup en ce moment du traité de commerce avec la Prusse. Cobden lui-même trouve que, par le traité anglais, nous faisons en un an ce que l'Angleterre a mis dix-huit ans à faire. C'est un gros morceau à avaler. En tout, l'Empereur s'arrête à Villafranca et laisse à d'autres la peine d'achever, et il a bien raison. Il faut que chacun prenne sa part, et se compromette. Il a fait de même en Crimée. Je crois qu'il est bien tranquille sur la conférence de Varsovie, où l'empereur d'Autriche ne saurait être qu'enfoncé par le prince régent (actuellement roi de Prusse), sans qu'il soit besoin que la France fasse des mamours à celui-ci. Il n'a qu'à les laisser couler dans leur pente. — P. ENFANTIN. »

Enfantin semblait prévoir déjà les événements qui allaient faire servir les rivalités des princes de droit divin à ruiner le passé et à révolutionner les États en Allemagne. Mais à côté de ces aperçus prophétiques dans le domaine de la politique internationale, il appliquait la puissante activité de son esprit à des matières d'un autre ordre se rattachant toujours à son but religieux, rentrant dans le culte du progrès social. Le projet d'une encyclopédie nouvelle le remuait profondément ; il y voyait une voie largement ouverte aux idées économiques et industrielles du saint-simonisme, dans un moment où le peuple immense du travail manuel marchait évidemment à la conquête pacifique d'une plus équitable rétribution selon les œuvres. Il écrivait, le 1ᵉʳ octobre, à Arlès :

« J'ai rendez-vous demain avec Gide qui aura dû revoir Emile et Michel, et je ne sais qui du château. Je vous donnerai plus de détails, mais je suis bien aise que vous ayez compris de suite l'importance de cet appel fait en ce moment à nos idées par un homme qui y voit une grande affaire de librairie et qui est compétent sous ce rapport. Je sais bien que les travailleurs nous manquent un peu, mais c'est justement l'occasion d'en faire de nouveaux ; seulement, je confesse que Michel me paraît indispensable, surtout à cause de sa situation actuelle. Évidemment, l'œuvre devra prendre le cachet industriel. C'est notre économie politique qui devra dominer, et non point notre théologie, notre métaphysique, ou notre morale. De plus, il faudra *faire place à toute aspiration d'organisation et ne s'inquiéter que de la bonne volonté de construire et non plus de détruire, quand bien même on*

*prétendrait édifier avec les deux plus fortes ar-
mes de la révolution*, LE SUFFRAGE UNIVERSEL et
le LAISSEZ-FAIRE. Fournel, Guéroult, Lhabitant,
Laurent, Jourdan, Lambert, Yvan, Lemonnier,
Brothier et autres, ne pourront certes pas faire
grand'chose là-dedans, mais ils apporteront toujours un peu de notre couleur dans le grand mé-
lange.

» Au reste, tout cela est encore dans les brouil-
lards de la Seine.

» Quelle piquette on fera cette année! mais peut-
être pas en politique. Voici Lamoricière fini ! mais
que va devenir Garibaldi ?... et le pape ?

» P. ENFANTIN. »

Les souverains allemands prolongeaient leurs
conférences, et *la France les laissait couler dans
leur pente*, ce qu'elle avait de mieux à faire, avait
dit Enfantin. Mais la presse quotidienne ne restait
pas néanmoins absolument silencieuse par crainte
de contrarier cette politique expectante. Le *Constitutionnel* insérait de temps en temps quelques-
uns de ces articles dont la portée intime est bien des
fois en sens inverse de la sagesse et de la réserve
du style. L'*Opinion nationale*, d'autre part, accen-
tuait ses hardies prévisions sur la régénération européenne. Entre ces deux courants, Enfantin, tou-

jours attentif aux oscillations du cadran politique, écrivait cette phrase dans une lettre du
27 octobre : « M. Boniface ne rédige pas mal *ce
qu'il ne veut pas dire*, et Guéroult *ce qu'il veut
dire*. Ils se complètent, et j'espère que Varsovie
aura compris. En attendant, Cavour et Garibaldi,
qui se complètent aussi, *marchent leur petit bon-
homme de chemin*. »

Enfantin tenait, lui, à faire marcher l'affaire de
la nouvelle Encyclopédie, qui avait bien son importance dans la grande évolution qu'accomplissait la
société européenne.

Le 12 novembre, il transmettait à Arles un prospectus préparé par le libraire et il lui disait dans sa
lettre d'envoi :

« Je suis très-heureux que Duveyrier trouve là
un travail et une part d'intérêt qui pourra être
quelque chose. »

Changeant ensuite de sujet, il ajoutait :

« L'article de Guéroult d'avant-hier, sur le catholicisme et la liberté, était de main de maître.
Mais il faut qu'il aille jusqu'au *gallicanisme, vrai*,
c'est-à-dire un christianisme national quelconque,
fût-il à la mode anglicane, prussienne ou russe,
afin qu'on puisse dire de la cinquième grande puissance, l'Autriche : elle reste seule avec la papauté !

laquelle papauté ira demeurer à Vienne ou à Madrid, ou même restera à Rome, capitale de l'Italie.

» Si ce grand fait politico-religieux s'accomplit, si le catholicisme entre dans sa dernière phase de dissolution, ce sera une bien bonne fortune pour l'encyclopédie française. — P. ENFANTIN. »

Une lettre d'Arlès, où les questions de libre échange et de douanes étaient soulevées, provoqua trois jours après la réponse suivante :

« Cher ami, vous connaissez ma répugnance à m'occuper exclusivement ou même spécialement dans un sujet quelconque du point de vue de la liberté qui se borne à montrer ce qu'il faut rayer, supprimer, détruire ; je m'en rapporte à d'autres que moi, je dirais presque à tous les hommes de ce temps-ci.

» Quand je vois la banque, usine *privilégiée* pour l'émission de ses billets, se permettre d'influer sur toutes les affaires par la hausse ou la baisse de l'escompte ; quand je songe aux perturbations que peuvent produire, dans le travail général, l'exercice ou le repos de cette autre usine *privilégiée* qui émet, non des billets mais des boulets, et qu'on appelle l'armée, je songe plus à ORGANISER le *crédit* et la *paix* qu'à annuler les tarifs de douanes.

» Il y a plus, dans ces droits perçus à l'entrée ou

à la sortie, il en est, comme ceux des tabacs et même des cotons, des cafés, des sucres, qui sont de véritables impôts, prélevés sur la nation, et tous aussi mais pas plus nuisibles au travail que les patentes et les portes et fenêtres, et même que l'impôt foncier. J'en dis autant de l'octroi qui peut être un impôt embêtant à percevoir, mais qui, remplacé sous une forme, pèserait de même sur le travail et sur le bien-être des citadins.

» La question des aptitudes des territoires et des populations est donc dominée par celle des différences d'organisation sociale et politique. Ainsi, une terre riche comme celle de Naples, avec son peuple ignare et flâneur, aurait beau être dotée du libre échange, que ce peuple n'en resterait pas pas moins misérable dans sa richesse native mais inculte.

» L'Angleterre, au contraire, avec ses *prohibitions*, avec ses milliards consacrés à la guerre contre la France, s'était positivement enrichie, tandis que la France était épuisée de misère en 1814.

» Le régime *protecteur* aura toujours sa raison d'être dans tout pays où le gouvernement est plus éclairé et surtout mieux organisé que la société. Or, en France, le citoyen, le travailleur ne manque pas précisément de lumière, mais il n'est pas *orga-*

nisé. Il n'y a pas, comme en Angleterre, des classes, des corporations, des communes, ni même des familles ; il n'y a que des individus.

» Vous savez que je ne souhaite pas pour la France l'organisation sociale anglaise; toujours est-il qu'à défaut d'organisation [1], notre société a un besoin d'être gouvernée et administrée et gendarmisée, que l'Angleterre n'a pas.

» Vous êtes comme Garibaldi, qui démolit fort bien les rois anciens, et qui voudrait sans doute leur substituer la république de Mazzini, mais qui est obligé, très-heureusement, d'en passer par le roi Victor-Emmanuel.

» Ne parlez donc pas tant de rayer le mot *protection*, qui d'ailleurs est aussi beau que celui de *prohibition* est mauvais.

» Sans cela, comme disait Bazard, vous faites de la pure, pure, pure république, c'est-à-dire que vous vous éloignez autant que possible des sociétés de l'avenir.

» Ayez la sagesse du vainqueur de Solférino, faites votre paix de Villafranca, rappelez-vous *l'Italia fara da se*, et songez à ce qu'elle devra faire

---

1. Il y a un premier essai d'organisation pour le travail manuel dans la formation des comités ouvriers à l'occasion des grèves, grâce à la réforme du code pénal sur les coalitions.

de son affranchissement de la soi-disant *protection
autrichienne* ; songez aux institutions *protectrices*
de l'organisation économique, intellectuelle, sociale,
qu'elle doit se donner ; songez à notre France industrielle, livrée à l'égoïsme, l'individualisme, l'a-
narchie, la concurrence, le jeu, les coups de Bourse,
les millionnaires, les prolétaires, les entremetteurs,
les falsificateurs, les Robert-Macaire et le PAUPÉ-
RISME !

» Vous serez, je crois, alors sur le terrain de
l'Empereur et sur le mien. Vous pouvez être sûr qu'il
ne songe pas à dépouiller son gouvernement ni lui-
même du titre de PROTECTEUR DES TRAVAILLEURS.
— P. ENFANTIN. »

Arlès se trouvant en voyage et faisant attendre
sa réponse, Enfantin, que les décrets du 24 novembre avaient vivement impressionné, rompit le
premier le silence par cette cordiale interpellation,
datée du 30 :

« Qu'avez-vous donc, cher ami ? Vous ne me
donnez pas signe de vie. Seriez-vous, comme
quelques-uns, plus désespéré que jamais, ou comme
le Père Duchêne, *bigrement en colère* ?

» Que pensez-vous donc du nouveau ministère et
de ce que ces changements nous présagent ?

» Vous savez qu'on nomme les deux classes de

ministres, *porte-feuilles* et *porte-voix*. On parle,
pour le troisième porte-voix, de Chaix-d'Est-Ange.
On assure que Rouher n'a pas voulu, et quelques-
uns disent que, s'il eût accepté, Michel serait
devenu portefeuille. Je l'ai rencontré, Michel; il
m'a dit avoir vu Gide, longuement causé avec lui et
en être très-content.

» J'ai dîné depuis chez Gide, il y avait peu de
travailleurs futurs de l'Encyclopédie, et nous avons
peu parlé.

» Duveyrier, qui a été convié par Pereire pour
affaires importantes, travaille beaucoup, à ce qu'il
paraît, car ni Gide ni moi ne le voyons plus. Je
ne serais pas surpris que ce fût pour l'octroi, dont
on parle beaucoup.

» On parle aussi de la dissolution de la Chambre
et d'élections nouvelles. Je crois que cela serait
sage, parce que nous entrons certainement dans
une phase nouvelle de la politique impériale. La
phase de politique extérieure est glorieusement
accomplie, et se termine symboliquement par le
traité de commerce. Maintenant il s'agit de l'intérieur, et je suis bien sûr que l'Empereur nous y prépare des campagnes qui valent bien celles de Crimée
et d'Italie. Mais pour cela il faut faire surgir un
nouveau personnel par un travail électoral qui in-

diquera le but que l'Empereur se propose. — P. ENFANTIN. »

Le silence d'Arlès ne pouvait se prolonger ; il reprit vite sa correspondance active avec le maître. Celui-ci lui écrivit aussitôt, à la date du 4 décembre :

« Vous n'avez pas voulu répondre à mes paradoxes du 15, et vous me faites en une demi-heure onze pages de réponse. Moi, j'en ai fait près de quarante ces jours-ci pour et au nom de Desplanches. Il avait écrit à M. Dupanloup de se faire saint-simonien pour sauver l'Église. Cet évêque lui a fait répondre par son vicaire une lettre, d'ailleurs très-convenable, à l'égard du saint-simonisme. Il m'a paru drôle de renverser les rôles et de répondre pour mon vicaire Desplanches au vicaire de Monseigneur. — P. ENFANTIN. »

Voici cette réponse, qui fut expédiée le 5 décembre :

« Monsieur l'abbé,

» Je vous sais gré d'avoir senti que j'écrivais sincèrement, avec une parfaite bonne foi, et que ma parole sortait d'une âme généreuse ; je suis reconnaissant de la réponse que monseigneur l'évêque d'Orléans vous a chargé de me faire.

» Permettez-moi d'y voir un commencement de

justice rendue par l'Église catholique à des idées et à des hommes qu'elle a considérés jusqu'ici comme hostiles à sa foi, quoiqu'ils n'en demandassent que le progrès, le développement, par interprétation nouvelle et plus large de son dogme.

» Mais vous dites que je ne sais pas, que je ne comprends pas son dogme.

» C'est ce que l'Église a toujours répondu aux hérésies, aussi bien à celles qu'elle a cru avoir vaincues en Orient, et qui ont enfanté l'islamisme et la religion grecque, qu'à celles qui, dans l'Occident, trônent en Angleterre, en Prusse et dans le nouveau monde. C'est ce qu'elle a répondu imperturbablement à cette foule croissante et innombrable aujourd'hui de philosophes, de savants, d'artistes, d'industriels, qui se sont échappés de ses mains, qui repoussent sa foi, qui n'appartiennent à aucune *communion*, et qui se sont réfugiés dans l'égoïsme où ils s'efforcent d'entraîner le monde.

» Non, monsieur l'abbé, ce n'est point parce qu'on ne sait pas le dogme enseigné depuis dix-huit siècles, qu'une pareille dissolution du corps du Christ s'est opérée.

» Si un tel cataclysme ne provenait que d'un *malentendu*, ce serait la plus terrible condamnation de ceux qui se disent chargés de porter la parole et d'enseigner.

» Vous reprochez aux âmes généreuses qui s'occupent de questions sociales, et spécialement aux saint-simoniens, de s'isoler de l'Eglise, de se séparer de son esprit; mais pourquoi cet isolement et cette séparation s'opèrent-ils avec une rapidité que chaque siècle, chaque jour accélère ? Est-ce le monde, est-ce l'Eglise, ne sont-ce pas au moins tous les deux qui doivent dire leur *meâ culpâ?*

» Pourquoi, d'ailleurs, m'adresser personnellement ce reproche, au moment où je viens à vous, où je cherche à m'attacher à votre esprit, avec l'espoir, avec la certitude qu'il renferme, plus que vous ne le croyez vous-même, le salut du monde?

» L'Église n'a pas rejeté, dites-vous, la science, la politique, l'industrie; mais il ne suffit point de ne pas rejeter, il faut féconder ces champs où l'humanité cultive la semence de Dieu; il faut être générateur du *savoir*, du *vouloir*, du *pouvoir* humains; il faut se placer à la tête des *idées*, des *sentiments* et des *actes* par lesquels l'homme s'affranchit de l'*ignorance*, de la *brutalité* et de la *misère*.

» Vous n'avez pas *rejeté* la science à l'époque où les Universités et les Académies sont nées en dehors de l'Église; ce sont elles qui vous ont rejetés, éclipsés, dépassés, renversés.

» Vous n'avez pas *rejeté* la politique, alors que la papauté a eu le malheur de faire, par les Médicis, de la politique à la mode de César; mais vous avez adopté, patronné et pratiqué une vieille politique qui commençait elle-même, grâce au christianisme, à mourir dans le monde, la politique du sabre, de la force, de l'hérédité, la politique païenne, la politique des temps où les peuples étaient esclaves. Or tandis que l'Église se mettait à copier des rois et des empereurs, à rivaliser avec eux de magnificence, à lutter contre leurs armées, voici que des rois, des empereurs et des peuples la rejetaient comme trop mondaine, et que le politique des nations marchait vers l'affranchissement, vers la liberté.

» Non certes vous n'avez pas *rejeté* l'industrie, alors que vos vaillants moines défrichaient la France et l'Europe entière; vous l'honoriez, vous la dirigiez, vous la sanctifiez, vous sentiez qu'elle délivrait le travailleur chrétien de la servitude de la glèbe; mais hélas! pourquoi les successeurs de ces héroïques travailleurs se sont-ils transformés bientôt en moines fainéants? pourquoi les chefs de ces laborieux couvents, de ces utiles abbayes, prenant exemple de la cour de Rome, se sont-ils

recrutés parmi les cadets des familles princières,
rivalisant de luxe et de frivolité avec les marquis?
Aussitôt les travailleurs des villes et des campagnes, rejetant à leur tour le couvent et l'Église, se
groupèrent dans la·commune qui continuait leur
affranchissement; tandis que vous, ministres du
Christ, vous les mainteniez encore dans votre servitude seigneuriale. Aussi qu'arriva-t-il? l'industrie se développant sans vous, grandit contre vous;
oubliant même les services que vous lui aviez rendus dans vos grands siècles de labeur, elle ne fut
frappée que de ce que lui coûtait de sueurs votre
oisiveté; si bien qu'un jour, moines, couvents, abbayes, bénéfices, petits collets furent emportés par
la grande tourmente populaire.

» Pourquoi donc me croyez-vous égaré ou hos-
tile, lorsque je dis à l'Église qu'elle ne peut se
sauver qu'en redevenant·maîtresse des sources de
son établissement, de son progrès, de sa gloire, en
reconquérant la direction de la science, de la politique, de l'industrie? Pourquoi m'accusez-vous de
me *séparer de votre esprit*, lorsque je vous indique les motifs qui séparent le monde de vous, de
vous qui vous êtes séparés de lui, qui l'avez laissé
marcher seul vers l'avenir, tandis que vous vous im-
mobilisez dans le passé, dans la vie d'un monde

qui est mort, dans les tombeaux du xiie et du xiiie siècle?

» Est-ce que ce sont vos moines, qui, dans ce siècle-ci, ont opéré ce merveilleux défrichement du globe qu'on appelle les chemins de fer? Sont-ce eux qui labourent les mers de leurs vaisseaux comme jadis la terre de leurs charrues? Sont-ce eux qui posent ces miraculeux fils par lesquels, en dépit de l'espace, en un instant *communient* les peuples? font-ils tomber ces barrières qui séparaient les nations chrétiennes comme des industries rivales, toujours prêtes à se frauder, ou même à se ruiner et à se combattre?

» Dieu merci, votre dogme, pas même votre discipline, ne vous défendait de faire tout cela, pourquoi en avez-vous laissé le mérite à d'autres, vous qui aviez bien su, pour arracher l'humanité à la science, à la politique et à l'industrie païennes, vous poser, jusqu'à Grégoire VII, comme maîtres de la science, de la politique et de l'industrie chrétiennes?

» Grégoire VII! Pie IX!

» Est-ce que ces deux noms, rapprochés l'un de l'autre, ne vous expliquent pas tout le travail des siècles qui séparent ce héros et ce martyr de la papauté? Croissance et virilité! déclin et caducité!

c'est la vie des institutions, aussi bien que la vie des hommes.

» Pourquoi me blâmer si je crois à la résurrection, si j'aspire à une vie nouvelle pour l'Église, plus puissante, plus glorieuse que sa vie passée ?

» Grégoire VII, malgré la lettre de l'Évangile, s'éleva jusqu'à dominer César, parce que César c'était toujours le paganisme ; c'était l'épée, c'était la puissance livrée au hasard de la naissance, contrairement à l'Église qui la décernait par l'élection et selon la capacité, quelle que fût la naissance ; César était encore le régime des castes, avec le peuple esclave ou serf ; le règne de César n'était pas la fraternité chrétienne, c'était au contraire un obstacle radical à la réalisation de cette fraternité. Grégoire VII dominait les rois pour les *christianiser*, tandis que ses successeurs se laissèrent peu à peu *paganiser* par les vanités de leur pouvoir temporel. Alors, sur la porte du temple, parurent Luther, Calvin, Henri VIII, précédant Bacon, Rousseau, Voltaire et les révolutions d'Angleterre et de France.

» Dès lors, et surtout depuis un siècle, le sentiment chrétien, je dirai même le Christ, s'est incarné dans l'humanité, à mesure que l'Église se laissait déposséder de sa mission spirituelle, par les soins qu'elle donnait à cette caduque et rétrograde puissance temporelle dont elle s'était si malheureusement affublée. Si bien qu'on peut affirmer que la société civile est actuellement plus fraternelle, plus démocratique, plus charitable au pauvre, au faible, au peuple, en un mot plus chrétienne, que ne l'est, dans l'exercice de sa vaine puissance temporelle, l'Église de Rome.

» Comment tous les amants de Dieu, qui rendent une éclatante justice à l'Église, tant qu'elle fut militante contre la société païenne, ne seraient-ils pas effrayés et affligés de la voir, en ce moment, descendue de chute en chute vers l'abîme ouvert devant elle et qui lui donne à elle-même le vertige?

» Vous me traitez avec peu d'indulgence, monsieur l'abbé, en prenant *à la lettre* ce que j'ai dit de la nécessité de *modifier* le dogme, car vous reconnaissez vous-même qu'il appartient à l'Église de *l'interpréter*, de le *définir*, de le *constater*, de le *manifester*. Pour l'immaculée conception spécialement, vous ne niez point qu'elle n'ait été remise en lumière, au moins pour les fidèles, à qui cette croyance n'était point ou n'était plus enseignée.

» Je ne vous en demande pas davantage. Ce n'est pas hors de vous, c'est en vous que je vous engage à rechercher la lumière qui a si longtemps illuminé l'Église comme phare de l'humanité , et je cherche moi-même à dégager cette lumière de l'obscurité empruntée dont l'Église s'est couverte, en prétendant, comme César, être *Reine de ce monde.*

» Non, votre royaume n'était pas *de ce monde,* alors que saint Augustin, saint Jérôme, saint Basile, saint Clément, saint-Grégoire convertissaient *ce monde* d'idolâtrie, de guerre et de servitude, et travaillaient à édifier la cité nouvelle d'amour, de paix et de liberté. Ces grands chrétiens n'étaient pas princes de ce monde, les fidèles ne les nommaient même pas, servilement, lâchement, princes de l'Église, ils les appelaient glorieusement, tendrement, Pères de l'Église.

» Je ne vous demande pas plus d'*inventer* pour le dogme que pour la discipline : n'avez-vous pas eu l'*élection* du prêtre , le *mariage* du prêtre; n'avez-vous pas eu le prêtre laboureur, industriel, commerçant, que dis-je, hélas ! dans votre monstrueuse parodie du rôle du César païen, n'avez-vous pas eu, à Malte, le prêtre soldat, déposant son armure sanglante pour boire à l'autel le sang du pacifique crucifié !

» L'histoire de l'Église est un arsenal qui ren-

ferme toutes les armes ; je vous demande d'y chercher celles qui conviennent à ce siècle et à l'avenir,
parce que ce sont celles-là seulement qui, dans
les siècles passés, l'ont fondée, l'ont fait grandir,
ont arraché l'homme à sa barbarie primitive et l'ont
préparé pour le travail, la paix et la liberté ; c'est-
à-dire pour la Jérusalem nouvelle que Dieu vous a
donné mission d'annoncer.

» Que la volonté de Dieu soit donc faite *sur
la terre*, parmi les vivants, comme *dans le ciel*,
parmi les morts !

» Or vous dites que votre Église est la permanence du Christ sur la terre ; eh bien, votre
dogme vous défend-il de croire que cette divine
permanence du Christ n'est un privilége pour personne, et que le *fils de l'homme* vit dans l'humanité tout entière ? Songez que grâce à l'enseignement de l'Évangile, l'homme et les peuples
n'admettent plus que les pasteurs soient d'une
autre race et même d'une autre caste que les troupeaux. Pasteurs d'hommes, chefs d'hommes sont
des hommes, ne sont que des hommes et non des
divinités païennes ; car il a été dit que le Christ
s'est fait homme, afin que tout homme se glorifiât
de cette divine incarnation.

» Votre croyance en la permanence du Christ

dans l'Église catholique seule n'est pas dogmatique, et cependant, c'est d'elle que découle l'infaillibilité papale, ou simplement l'infaillibilité du
pape en concile. C'est d'elle aussi qu'est sortie cette
rude formule : hors de l'Église pas de salut ; c'est
sur elle que se fonde l'excommunication et, dans
l'ordre temporel, la guerre religieuse et même la
peine de mort. Cette croyance d'orgueil, d'exclu-
sion, suffit à elle seule pour expliquer les désastres
de l'Église catholique, depuis qu'elle s'en est in-
fatuée. Alors elle n'a pas seulement altéré, elle a
modifié la croyance des premiers chrétiens, et surtout celle du grand apôtre des nations qui savait si
bien chercher et trouver parmi les gentils ce Christ
qu'il y portait lui-même, c'est-à-dire ses *frères*.

« Faites que le Christ qui est en nous se manifeste, aidez-nous à le mettre en lumière, mais ne
prétendez pas le posséder seuls en permanence, le
dispenser selon votre bon plaisir, l'interdire à qui,
sans vous, le sent ou peut-être l'ignore en lui-
même, car Il est là !

« Oui je sens, aux bonnes et généreuses et humaines intentions de mon cœur, que le Christ vous
parle par ma bouche, quand j'implore l'Église,
afin qu'elle recherche en elle-même les sources
oubliées de sa gloire, et qu'elle tarisse celles de sa

honte et de ses défaites ; car ces dernières ne lui appartiennent pas en propre, elle avait elle-même mission de les tarir dans ce monde, elle les a empruntées aux princes de ce monde, et elle s'est laissée entraîner dans leurs flots où sombre en ce moment la barque de saint Pierre.

» Dieu ne frappe que pour éclairer. Croyez-le, c'est avec cette pensée religieuse que je contemple et que je voudrais voir l'Église contempler ses malheurs. Mais hélas ! quand le protestantisme l'a démembrée, elle a lancé contre lui l'anathème, elle a excommunié ses propres membres séparés du tronc ; mais ce tronc est resté immuable comme une statue de bronze, mutilée sur son piédestal. Et quand les philosophes l'ont sapée et ébranlée dans ses fondements, elle s'est assise immobile sur la Somme de saint Thomas, brûlant les œuvres de Rousseau et de Voltaire, sans daigner faire un examen de conscience par un retour sur elle-même. Enfin, quand les révolutions renversaient toutes les puissances du vieux monde et creusaient les fondations d'un monde nouveau, elle pleura et gémit, comme si, elle aussi, était de ce vieux monde mourant et avait oublié son éternité.

» Et pourtant ce monde nouveau sort des entrailles du Christ, ce n'est plus le monde des nations, des races, des castes, de la naissance, de la guerre, de la servitude ; non, c'est le monde de l'humanité, de la fraternité, de la paix, de la liberté, de la récompense selon les œuvres.

» Mère qui l'avez enfanté, vous méconnaissez donc votre enfant! vous l'avez allaité, vous avez inspiré et dirigé sa jeunesse; mais depuis qu'il est homme, vous ne comprenez plus ses actes, vous ne vous associez plus à sa pensée, et lorsqu'il vous demande le pain de vie, vous croyez pouvoir le traiter en enfant et lui présentez encore le sein épuisé de sa nourrice.

» Mère! si du moins vous n'étiez pas assise sur un trône vermoulu ; si votre main, au lieu de porter débilement une houlette parodiant un sceptre, était encore glorieusement chargée du bâton apostolique; si votre royal, mais précaire temporel, était l'humble mais éternel salaire du travailleur; si vous étiez, comme nous tous, mêlés aux travaux des champs et des villes; si vous gagniez, comme saint Paul, votre vie à la sueur de votre front; si vous daigniez, comme tous vos enfants, vivre de la vie humaine, ô mère! si vous étiez peuple, vous reconnaîtriez votre enfant.

» Oui, c'est le peuple que le Christ a enfanté par l'Église, c'est le fils du charpentier qui est le père du peuple, car, avant lui, le peuple n'existait pas, il y avait des rois, des princes, des nobles et aussi des affranchis, mais pas de peuple : des esclaves, un bétail !

» Grâce à Dieu, l'Église, depuis un demi-siècle, se recrute dans le peuple ; en France surtout, elle n'est plus l'apanage des familles princières. Là peut-être peut se trouver son salut. Les enfants du peuple, ordonnés prêtres, retrouveront les titres perdus de l'Église chrétienne ; fiers de leur double origine, de leur double caractère, prêtres et prolétaires à la fois, ils sentiront que l'Église s'est perdue en s'appuyant sur les rois qui résistent à l'opinion du peuple, et qu'elle ne peut se sauver qu'en s'associant à l'avenir du peuple, en communiant avec ses espérances, en réalisant, sur la terre, avec lui, par lui et pour lui, l'Évangile de charité universelle, divin testament de Jésus-Christ.

» Ne voyez-vous donc pas que toutes les puissances temporelles qui ont voulu ou qui veulent lutter contre cette aspiration de tout peuple chrétien à la dignité d'homme et de citoyen, se sont perdues ou se perdent ; comment pourraient-elles sauver ou seulement soutenir l'Église?

» Or l'Évangile, le dogme et l'histoire de l'Église abondent en préceptes et en exemples favorables à cette élévation sociale que les peuples réclament et à laquelle ils touchent déjà. Ce n'est plus seulement le tiers état, c'est le peuple, c'est l'humanité tout entière qui veut être *quelque chose*; et cela sera, malgré le pouvoir temporel du pape, malgré l'Autriche, malgré le denier de saint Pierre, parce que Jésus-Christ l'a prédit et le veut.

» Montrez-nous donc dans l'Évangile, dans le dogme, dans l'histoire de l'Église cette volonté de Dieu en faveur de la communion universelle à laquelle le peuple prétend participer. Que le prêtre soit le guide éclairé du peuple, dans les efforts qu'il fait pour conquérir son droit, la cité nouvelle; qu'il soit son avocat auprès des classes et des individus qui se croient encore seigneurs et maîtres; qu'il leur prêche la fraternité humaine, l'égalité civile, la honte du despotisme, de l'abus de la force, l'horreur de la guerre.

» Qui vous oblige, dans le dogme chrétien, à nommer Dieu le Dieu des armées? Ce hideux souvenir de Mars ou cette inintelligente copie de la barbarie juive, ne souillent-ils pas le sacerdoce chrétien ? Eh bien, vous qui redoutez tant d'innover, d'inventer, chassez de la langue religieuse, de la discipline religieuse et même des interprétations ou commentaires sacrés du dogme, toutes les innombrables réminiscences païennes ou bibliques qui obscurcissent ou dénaturent la pensée de Jésus-Christ, la clarté de l'Évangile. Si vous ne voulez rien ajouter, retranchez, et vous vous rapprocherez ainsi de la vérité. Ce ne sera pas, pour l'Église, donner de démentis à sa foi, que de renier les faux dieux qu'elle a eu passagèrement la faiblesse d'encenser. Sans doute il est pénible de confesser qu'on a fait fausse route, mais c'est lorsqu'on ignore la véritable ; au contraire, lorsqu'on la connaît, pour l'avoir soi-même ouverte, on reprend joyeusement son rang en tête de la colonne. L'humanité marche sans vous ; elle vous laisse à l'arrière-garde, parmi les traînards impotents, invalides ; montrez-lui que vous êtes encore dignes d'être ses guides ; relevez le saint drapeau de liberté que vous avez abaissé devant les vieux maîtres de la terre et de l'homme ; vous vous êtes retournés vers le passé ; faites volte-face et marchez vers l'avenir !

» Avant de terminer cette longue lettre, je vous prie, monsieur l'abbé, de vouloir bien jeter les yeux sur le livre que je vous envoie : il contient une *Correspondance religieuse* adressée à un parent de l'auteur, qui est une personne aimée et estimée de monseigneur l'évêque d'Orléans (M. Albert du Boys, de Grenoble) ; j'espère que ce livre, mieux que ma lettre, vous fera comprendre combien nous désirons de bonne foi, en toute sincérité de cœur, le réveil de l'Église.

» Agréez, monsieur l'abbé, avec ces vœux reconnaissants, l'expression de mon respectueux hommage.

» Pour mon ami Desplanches,

» P. ENFANTIN. »

P. S. « Au moment où j'allais clore cette lettre, j'apprends un fait bien grave qui ne confirme que trop les regrets que je viens de vous exprimer sur la situation déplorable de la royauté temporelle de l'Église.

» Après dix-huit siècles de christianisme, c'est encore une fois Jésus de Nazareth, roi des Juifs, qu'Israël bat de verges et crucifie !

» Mais aussi pourquoi cette Église superbe, fondée et bâtie par le Fils de Dieu, a-t-elle négligé le culte du Seigneur sur la terre, au point de confier à Israël les fonctions primitives du diaconat ?

» Pourquoi a-t-elle accepté qu'il embrassât dans un réseau de fer le domaine de saint Pierre, et qu'il devînt maître des routes qui conduisent les fidèles à la demeure du vicaire de Jésus-Christ ?

» Pourquoi leur emprunte-t-elle les subsides de ses malheureuses armées, et la dépense de sa triste cour? Pourquoi enfin demande-t-elle *Crédit* à qui n'a pas sa croyance?

» C'est que l'Église a oublié que la science et l'industrie sont les bases du véritable culte, c'est-à-dire de la culture de la terre; domaine sacré du créateur des mondes. — P. E. »

Dans les derniers jours de l'année 1860, Enfantin, toujours préoccupé de l'affaire de Gide, s'étonnait de ne plus revoir Duveyrier, alors appliqué à une œuvre dont l'apparition vint enfin lui expliquer l'éloignement passager de son disciple bien-aimé.

« Duveyrier, entre nous, écrivit-il à Arlès le 15 décembre, est accouché de la nouvelle brochure, *l'Empereur François-Joseph I*^{er} *et l'Europe*. Voilà pourquoi il ne m'a pas vu et ne vous a pas écrit. L'œuvre est vraiment fort belle, et je crois qu'elle sera utile, surtout en Allemagne. Lisez-la.

» *Entre nous* toujours, elle est faite avec corrections de bon coin. C'est pourquoi *le Constitutionnel* s'empresse de dire que c'est une œuvre tout individuelle......

» Michel fait et même a fait le nouveau prospectus de l'Encyclopédie. — P. ENFANTIN. »

Le 31 décembre, c'est un état de situation, un

tableau descriptif des souffrances présentes, et indicatif des améliorations futures, qu'il envoie à Arlès pour clore sa correspondance de l'année qui finit.

« Vous voyez, lui dit-il, que les affaires sont de plus en plus mortes, et je doute que les discours de demain les ravivent. Nous sommes dans une crise de liquidation d'un passé d'affaires dont Mi... et même Mo... sont des types, et dont les chemins de fer ont été le tapis. Tout cela tombera assez bas avant qu'on ait dressé une nouvelle table entourée de nouveaux personnages. Mais en fait, la banque de France avec ses succursales, le comptoir d'escompte et ses annexes, le crédit foncier et ses dépendances (communes-entrepreneurs — agricole — drainage), le crédit industriel et son nouvel enfant (ancien sous-comptoir des métaux) sont des instruments renouvelés ou nouveaux qui sont substitués aux anciens faiseurs ou monteurs d'affaires, et qui sont prêts à entrer dans la voie que l'Empereur voudra ouvrir : j'ai toujours foi que ce sera l'agriculture et les industries qui s'y rattachent de plus près.

» Quand les préfets ont reçu l'ordre de transformer les villes, ils ne s'en sont pas mal tirés. Quand les maires auront ordre de transformer les

campagnes, on trouvera parmi eux des Haussmann et des Vaïsse.

» On a jeté des milliards sur les chemins, on en
sèmera encore plus dans les champs. Et comme
c'est aussi là que notre nombreuse armée devra
être grassement consolée de ne pas guerroyer, il y
aura double avantage à lui faire gagner ce qui n'a
été jusqu'ici que le lot des boursicoteurs.

» Relisez donc encore une fois L'EXTINCTION DU
PAUPÉRISME. — P. ENFANTIN. »

LIII

(1861)

Les travaux préparatoires pour l'œuvre encyclopédique se poursuivaient activement, et Enfantin
s'y livrait avec ardeur. Le 11 janvier, il écrivait à
Arlès :

« Certainement vous avez votre part à prendre
à l'Encyclopédie, avant qu'elle se fasse, car le
moment le plus rude, selon moi, c'est le moment
actuel, c'est-à-dire *le plan général*, *l'introduction*,
et enfin *le choix des rédacteurs avec distribution
du travail entre eux*. D'ailleurs la tête de notre
cher Charles galope à cette heure, à droite, à

gauche, dessus, dessous ; votre propre galop fera
effet homéopathique, vous vous compenserez.... »

S'interrompant ici pour laisser échapper un cri
révélateur de ses préoccupations religieuses, il
ajoute :

« Ah! ce diable de Père Félix, s'il voulait, il
pourrait beaucoup. Ces gaillards ont au derrière
une queue un peu plus solide que celle de Fourier;
seulement, il y manque l'œil au bout. Que Dieu y
mette le mien ! Hélas ! les protestants n'en ont pas
de queue, n'en déplaise au pasteur qui la cherche
dans l'alliance chrétienne, où il y a des juifs, des
philosophes, et pas mal de bons hommes, mais
toujours sans queue ! Heureux ceux qui marchent
à la tête des singes, mais avec œil à la queue afin
de voir derrière comme devant. — P. ENFANTIN. »

Le regret exprimé au sujet du P. Félix prenait
sa source dans la même pensée qui avait porté Enfantin à écrire la lettre adressée, en 1858, à l'éloquent prédicateur, et qui venait de lui faire reprendre la plume pour répondre, au nom de son
vicaire Desplanches, au vicaire de M. Dupanloup.
Cette dernière réponse ayant été autographiée et
communiquée à plusieurs amis, — « quelques-uns
d'entre eux, dit Enfantin dans une note qui fut
également autographiée, tout en approuvant les

idées qu'elle renferme, se sont étonnés qu'elles
fussent adressées à un prêtre et que la lettre tout
entière fût un témoignage d'espoir dans le concours que pourrait donner encore l'institution catholique au progrès de l'humanité. — « C'est peine
perdue, disent-ils, le catholicisme a rempli sa tâche,
il est destiné à disparaître prochainement, il est
mort. Cette opinion ne me paraissant pas conforme
à la croyance, au progrès, à la foi dans la perfectibilité de l'homme et des institutions humaines, et
la considérant comme purement négative, j'ai cru
de mon devoir de la combattre dans la lettre suivante, adressée à celui de mes amis qui exprimait
le plus rudement son peu d'espoir dans le réveil, ou,
si j'ose le dire, dans la conversion *apostolique* de
l'Église, redevenant *universelle* et non plus *romaine*.

« 8 février 1864.

» Mon cher ami,

» Vous pensez qu'en redemandant à l'Église de
redevenir chrétienne, je cherche à résoudre un
problème impossible ou, s'il faut le dire, à *blanchir*
un nègre. Permettez-moi de vous répondre que
vous vous trompez doublement : d'abord, parce que
l'Église n'est pas si noire qu'elle le croit elle-
même ; ensuite, parce que ma lettre n'a pas seule-

ment l'Église en vue, puisque vous avez bien voulu la lire, et que nous ne sommes pas beaucoup plus blancs qu'elle.

» L'Église se croit noire, parce qu'elle s'est barbouillée de fétichisme, d'idolâtrie, de polythéisme et de césarisme, mais le dessous est blanc. Elle se croit noire, comme elle croit que le successeur de saint Pierre est un César. Elle se trompe.

» Et nous nous trompons aussi sur nous-mêmes, quand nous nous croyons vêtus des couleurs de l'innocence, parce que, malgré l'Évangile, nous portons sur notre corps blanchi par le *Christ* toutes les vieilles loques et la défroque trouée du césarisme, du polythéisme, de l'idolâtrie et du fétichisme.

» Au fond, nous sommes *humains;* dans la forme, nous sommes, comme disent les Chinois, des *barbares.*

» Vous jugez l'Église comme si elle n'était pas *de ce monde,* comme si elle n'avait pas dû être composée, comme si elle n'était pas composée d'hommes.

» Comparez la série historique des papes à celle des rois, la série des cardinaux à celle des ministres, les évêques aux intendants, aux préfets, aux gouverneurs de provinces; les curés aux maires, et enfin les peuples chrétiens à ceux qui ne le sont pas, je crois que vous serez alors plus juste à l'égard de l'Église, et que vous ne désespérerez pas plus d'elle que de ce qui n'est pas elle.

» Oui, mon cher ami, nous sommes tous, elle et nous, solidairement responsables de la situation présente ; c'est à nous tous à réaliser les destinées futures de l'humanité, et le monde n'est pas tellement digne et capable d'atteindre ce but, qu'il puisse briser un instrument non moins digne et capable de concourir à cette œuvre commune.

» D'ailleurs je ne demande pas à l'Église de croire et de faire ce que je voudrais voir le monde croire et faire. Je pourrais résumer ainsi mon double désir : que l'Église et le monde prennent confiance l'un dans l'autre pour l'accomplissement de la mission commune : l'amélioration du sort moral, intellectuel et physique de l'humanité, chacune des deux parties y concourant selon ses moyens propres, selon ses facultés spéciales.

» Vous n'avez pas confiance dans l'Église : elle vous le rend bien, c'est tout naturel. Si cette confiance réciproque doit et peut avoir lieu, qui des deux commencera à en donner la preuve ? Ce sera évidemment le plus sage, le plus humain, le plus chrétien, le mieux inspiré de Dieu. Je n'oserais pas parier que ce sera le monde ; dans le doute, moi qui suis du monde, je m'adresse à l'Église, pour lui donner personnellement ce témoignage d'espoir en elle.

» Remarquez bien qu'il y a quelques motifs de compter, pour édifier la société future, l'humanité, sur une institution ;

» Qui est fondée sur la prétention à l'universalité, et par un charpentier ;

» Qui ne jouit pas de la conscription ;

» Qui ne reconnaît pas de castes, ni même de races parmi ses membres ;

» Qui ne pratique ni l'hérédité de fonctions, ni l'hérédité de fortune, ni même la propriété privée ;

» Qui peut se marier, comme jadis, quand elle le voudra ;

» Qui a réalisé l'association de travaux et de vie ; imparfaitement sans doute, mais sur une échelle immense ;

» Qui croit et enseigne que l'homme ne peut point se passer de religion, de morale, de culte, de dogme, de Dieu, d'immortalité, toutes choses qu'une partie de ce monde croit bonnes à être jettées, avec le froc, aux orties ;

» Qui n'admet pas la peine de mort ;

» Qui s'est montrée, jusqu'à présent même, in-comparablement plus habile que tous à élever les marmots, à consoler les affligés, à panser et soigner les malades, à donner une espérance au mourant.

» Avant que le monde se soit approprié tous ces mérites, que possède l'Église, il me semble qu'il faudra bien du temps, surtout si l'on faisait disparaître l'institution qui les renferme et qui les cultive depuis 18 siècles; car, il n'y a pas à dire, c'est cette institution qui nous a donné le goût de toutes ces excellentes choses.

» Non, ne croyez pas qu'il soit si facile de communiquer au monde qui critique avec tant d'ardeur l'Église, les bonnes habitudes et les principes éminemment sociaux, pacifiques, humains qu'elle contient dans son sein et qu'elle pratique, en face du monde, depuis tant de siècles, sans que le monde, aveugle et sourd, ait eu la sagesse de se les appliquer à lui-même.

» Je sais bien qu'il faut, en même temps, que l'Église se dépouille de fort mauvaises habitudes; mais hélas, ce sont, pour la plupart, celles qu'elle a empruntées à César et au monde, celles qui ne viennent pas d'elle, qui sont même contraires à ses principes et à ses fins, à son origine et à son but, et qui sont d'ailleurs encore très-vivaces dans le royaume de César.

» Aussi, de combien de mauvaises habitudes la société civile ne doit-elle pas se dépouiller, ne fût-ce que pour faire honte à l'Église de les lui avoir en partie empruntées ! Et comme ces vices sont inhérents au monde, comme ils sont l'héritage de tout son passé, comme ils sont les conséquences essentielles des principes sur lesquels toutes les sociétés politiques ont été constituées, avant et depuis le christianisme, c'est-à-dire la force, l'épée, la guerre, la conquête, le sang; comme ils sont, en un mot, le *vieil homme*, nous aurons bien de la peine à nous en débarrasser, si l'Église ne nous y aide pas un peu.

» Or, je le répète, j'espère qu'elle nous aidera; sera-ce d'abord par le pape, par le sacré collége, par les archevêques, évêques et chanoines, ou bien par les curés, diacres et desservants? A cette question indiscrète, j'aurais peut-être peine à répondre, si j'étais somnambule et faisais tourner les tables et les chapeaux, mais je suis simple Gaulois et je dis : Ventre-saint-gris! mon curé en serait bien capable.

» Un de mes amis remarquait, d'après un journal, que cette année, au jour de l'an, contre l'usage, plus de 300 prêtres de Paris avaient porté leurs hommages et leurs vœux aux Tuileries, tandis qu'à l'ordinaire, le clergé de Paris était représenté dans cette cérémonie seulement par une trentaine de curés. Mon ami voyait en cela un bon signe, et il ajoutait : « L'Empereur nomme les évêques ; eh bien, qu'arriverait-il s'il déclarait qu'à l'avenir il ne nommera évêque que le prêtre qui sera élu par le *suffrage universel* des prêtres du diocèse dont le siége serait vacant? » L'idée est assez originale, et je la recommande à vos méditations, quand vous examinerez si l'Église n'est plus bonne à rien, ou si elle peut encore être bonne à quelque chose.

» Certainement Rome commencerait par résister de toutes ses forces à cette résurrection de sa primitive discipline, comme elle résiste aujourd'hui à la perte de son pouvoir temporel, c'est-à-dire au retour à la forme apostolique qui fut le secret de son merveilleux développement et de ses plus glorieuses conquêtes. Mais enfin l'Église ne pourrait pas dire qu'on lui impose là des nouveautés étrangères, incompatibles avec sa foi, avec son dogme, puisque c'est elle-même qui a inventé, qui a pratiqué, qui nous a enseigné l'élection du prêtre et la division des pouvoirs temporel et spirituel.

» Eh bien, je vous le demande, si ces deux

énormes modifications s'opéraient dans l'Église, qui donc oserait affirmer qu'elles ne donneraient pas au sacerdoce catholique une nouvelle vie, et qu'il ne puiserait pas en elles l'inspiration des œuvres que Dieu ordonne à l'humanité de réaliser de nos jours? L'évêque élu par le suffrage des prêtres, nommé par le souverain temporel des fidèles, et consacré définitivement par le premier de tous les évêques, le pape, ce serait pour l'Église reprendre sa mission démocratique, se retremper dans son origine à la fois populaire et soumise, ce serait renoncer à ses prétentions despotiques et factieuses, doublement contraires à l'Évangile.

» L'Église ne consentira pas à cela, dites-vous. C'est possible, mais je vous avoue que ce n'est pas son acquiescement qui m'inquiète, et que ce n'est pas précisément pour l'y préparer que j'ai écrit ma lettre à M. le grand vicaire de monseigneur l'évêque d'Orléans.

» Ce qui m'inquiète, ce qui me fait peur, c'est ce monde laïc que vous croyez si supérieur à l'Église; en politique, en morale et même en religion, j'ai peur qu'il ne sache pas un mot de ce qu'il doit demander à l'Église de faire, pour qu'elle puisse s'associer à sa propre mission; j'ai peur que ne la rencontrant sur son chemin que comme un obstacle, il essaye seulement de la briser, comme les peuples firent si souvent de la royauté, pour retomber aussitôt sous son poids. J'ai peur que la grande majorité des laïcs les plus vigoureux ne soient comme vous, et que n'ayant aucun espoir dans la puissance des transformations de cette admirable institution, ils n'aspirent qu'après sa mort et ne s'inquiètent point des moyens de la guérir, afin qu'elle aide encore une fois l'humanité à accomplir sa destinée.

» C'est pour ces hommes vigoureux, impatients, mais un peu injustes et imprudents, que j'ai écrit ma lettre à Orléans, et que j'y ajoute celle-ci :

» Bien certainement, si l'Église doit se transformer, comme je l'espère, ce ne sera jamais devant ceux qui n'ont aucune foi dans sa puissance virtuelle, ni surtout devant ceux qui la menacent de mort. Elle est brave, soyez-en sûr, et ne craint pas le martyre. D'ailleurs, on ne tue pas les idées, et, par conséquent, pas l'Évangile.

» Tant que notre vieux monde ne lui montrera pas qu'il a été transformé lui-même par elle, en un monde nouveau, aimant la paix, le travail, l'amélioration du sort du peuple, l'élévation constante de tous, en commençant par les moins élevés, elle n'écoutera pas nos remontrances et aura droit de mépriser nos leçons; mais si nous nous mettons nous-mêmes vigoureusement à l'œuvre sainte, croyez-moi, elle ne restera pas en arrière, parce qu'elle sentira alors qu'elle a une place, non plus hors de nous, mais au milieu de nous.

» Et maintenant, en supposant comme vous que le catholicisme n'accomplisse pas ce progrès, qu'il lui soit impossible d'opérer cette transformation; en supposant qu'il perde simplement ses fidèles de France, comme il a perdu jadis ceux d'Angleterre, d'Allemagne, de Suisse et de tant d'autres lieux, vous n'admettez sans doute pas qu'une telle révolution puisse se faire sans qu'une notable partie du clergé français participe au schisme et aide à la formation d'un gallicanisme positif. Eh bien, il est important de prévoir et de dire ce que devrait faire ce gallicanisme, car il pourrait se borner à recopier celui de Bossuet, et ce serait déplorable au XIX siècle qui n'a pas besoin de *Révocation*, de *Dragonnades*, ni de Cévennes, ni même de canonner et de démolir des manoirs féodaux. Nous avons mieux que cela à faire aujourd'hui et le clergé peut nous y aider, au moins autant qu'il a aidé Louis XIV.

» Il bénit déjà nos locomotives, je ne désespère pas de le voir bénir nos imprimeries; ce sera un

peu fort, mais vous verrez que cela sera. A la vérité, j'espère aussi qu'un jour il ne voudra plus
bénir des drapeaux, et qu'il chantera un magnifique *De profundis* sur la tombe du Dieu des
armées, quand nous autres laïcs serons assez sages
pour enterrer ce vilain dieu païen.

» Voulez-vous aller plus loin dans vos hypothèses, et supposer qu'on rasera complétement
l'Église et son culte; je le veux bien, mais alors
gare à la déesse Raison qui voudra prendre la place
vide ; nous la connaissons, celle-là, elle n'a rien
appris et rien oublié, c'est pis que les Bourbons ;
dans tous les cas, il ne peut être qu'utile de dire à
la Raison ce qu'elle aurait raison de faire si elle
passait Dieu et lui succédait.

» Est-il besoin d'ailleurs de prolonger davantage la comparaison des mérites *actuels* de l'Église
et du monde? c'est en vue de l'*avenir* que nous
faisons cet examen ; or, l'avenir est en germe dans
ce qui est, et notre rôle est de développer ces
germes partout où Dieu les a semés ; à d'autres le
soin de détruire les mauvaises herbes ; à nous de
labourer et d'arroser ; à d'autres la mission de
mort, à nous le travail de vie.

» Oui, l'Église catholique doit mourir ; mais
qu'est-ce à dire : *mourir ?* n'avons-nous pas tous

la vie éternelle? nous ne condamnons *rien* au *néant*. Le catholicisme se transformera, lui qui s'est déjà si souvent transformé, lui qui est en réalité la sublime transfiguration du judaïsme, envahi par la philosophie grecque et les croyances orientales, et voulant envahir le Nord et l'Occident, qu'il a effectivement absorbés tout entiers par saint Pierre.

Eh bien, donnons-lui donc quelque arme, quelque épée.

» C'est le plus grand serviteur de Dieu, et si vous dites qu'il est tombé en enfance, tant mieux, car cela signifie qu'il porte des saint Paul dans son sein. Visitez-le donc sur la route de Damas, foudroyez-le, éclairez-le! et qu'on ne demande pas qui est saint Paul, où est saint Paul; je ne le sais, *vous* le savez, ô mon Dieu! tonnez, il entendra.

» N'est-ce pas du milieu des *sépulcres blanchis* et parmi les ombres du passé que se sont levés les anges de l'avenir, les nouveau-nés de la vie? C'est de la Bible qu'est sorti l'Évangile, et de la race de David qu'est né Jésus-Christ. Et, à notre tour, où avons-nous puisé nos espérances, si ce n'est dans l'Évangile? et notre race de David, notre tribu sacrée qui est-elle, si ce n'est l'Église? Croyez-vous que l'islamisme, pour s'unir à nous, brûlera

son Coran et n'aura pas à sa tête des chérifs tels
qu'Abd-el-Kader? que dis-je! qui était au lit de
mort de Saint-Simon, de ce novateur descendant
lui-même de race royale, qui était son disciple
fidèle? un juif! notre cher Olinde Rodrigues.

» Et lorsque nous avons commencé à enseigner
la doctrine que notre maître nous avait léguée sous
ce nom significatif de *Nouveau Christianisme*,
Rodrigues amenait dans nos rangs une troupe d'enfants d'Israël : son frère Eugène, ses beaux-frères les
Péreire et Sarchi, Léon Halévy, Gustave d'*Eichthal*.

» Et nous oserions croire que l'Église restera
sourde à la bonne nouvelle, qu'elle y sera plus ré-
fractaire que des Juifs, qu'elle mourra tout entière
dans le passé, sans ressusciter pour l'avenir, impossible! Le catholicisme ne vit pas seulement dans le
clergé, ni même dans les fidèles ; il est en tout et
partout ; son sang et sa chair ont pénétré l'humanité tout entière et fécondent la terre; il vit, comme
nous tous, *en lui*, mais aussi *hors de lui*, et s'il
mourait tout à fait, nous sentirions mourir en nous
la meilleure partie de nous-mêmes, c'est-à-dire
tout ce qu'il nous a donné d'humain et de divin à la
fois.

» Non, ne me dites pas qu'il ne s'agit que de

lui faire d'illustres funérailles, en rendant justice à
sa grandeur passée et en fermant les yeux pieuse-
ment, filialement, sur les faiblesses de sa caducité.
Ce sentiment n'est pas digne de la croyance au
progrès; il sent le cimetière, le cadavre, c'est une
pelletée de terre jetée sur une poussière d'être;
c'est moins que l'embaumement égyptien, moins
que l'incinération païenne, moins surtout que l'apo-
théose et la métempsycose; hélas! c'est plus triste,
plus sombre, plus anéantissant que les funérailles
catholiques elles-mêmes, car au moins le prêtre, en
livrant le corps aux vers de la terre, s'adresse à
l'âme et lui dit de *monter au Ciel.*

» Eh bien, traduisons cette sublime, mais mystique espérance, selon la langue réelle et vivante
de la perfectibilité humaine, selon la foi dans le développement progressif de la vie pour l'homme,
mais aussi pour les institutions humaines. Contem-
plons l'Église, ainsi que nous-mêmes, avec le sentiment de l'immortalité promise par Dieu à toute
créature; élevons son âme vers *le Ciel,* c'est-à-
dire aidons-la à remplir la mission que Dieu donne,
en ce siècle et dans tous les siècles, à ses meilleurs
serviteurs; aidons-la à employer la puissance
qu'elle a conquise par dix-huit siècles de travaux,
non plus à défendre son passé et à combattre l'ave-

nir du monde, mais à fonder cet avenir auquel elle nous a donné foi, en nous l'annonçant par l'enseignement de l'Évangile.

» Vous êtes encore son fils ou plutôt son enfant, balbutiant et répétant ses dernières leçons, lorsque vous chantez sur la tombe où vous supposez qu'elle descend : *Requiescat in pace !* Nul de nous aujourd'hui ne voudrait être enseveli dans le *repos* éternel ; c'est la *vie* éternelle qu'il nous faut ; c'est une marche continue vers Dieu que nous voulons ; c'est le saint travail de perfectionnement de notre prochain et de nous-mêmes qui est notre droit aussi bien que notre devoir, *per omnia sæcula.*

» Assez, assez de condamnations à mort, de sacrifices au néant ; assez de ces ruines que faisait la barbarie et où ne végète plus que la ronce ; laissons au passé ces héritiers avides qui aspirent à la mort de leur père ; ces politiques duellistes qui s'escriment à tuer leur adversaire, et ces aveugles amants de l'avenir, qui, traitant le passé comme un rival, veulent en détruire jusqu'au souvenir.

» Ce n'est plus ainsi que l'humanité doit procéder dans sa marche vers la charité suprême que Dieu lui a révélée par Jésus-Christ et que le monde commence à comprendre et veut progressivement pratiquer.

» Qui est notre prochain, si ce n'est l'Église d'où nous sommes nés ? Elle se meurt, dites-vous, portons-lui le secours des lumières et de la vie qu'elle nous a données. Elle est morte ! Ressuscitons-la, afin que l'avenir ne dise pas de notre siècle : il a tué sa mère.

» Rappelez-vous ces Français tombés assez bas, dans les malheurs de l'émigration, pour s'unir à l'étranger contre leur patrie, pour oser lever la main sur leur mère, pour rêver qu'ils écraseraient la France; comment les avez-vous nommés? des traîtres, et, prisonniers, vous les avez vu fusiller sans pitié. Et pourtant ceux-ci n'étaient pas exilés volontaires, ils étaient *excommuniés* par la politique du temps. Or, nous tous qui nous sommes librement éloignés de l'Église, qui n'avons pas été dépouillés par elle de nos dignités, de nos titres, de nos biens, que serions-nous dans une armée de Condé, dans une chouanerie? que serions-nous à la suite d'un Pichegru ou d'un Moreau? quand bien même ils s'appelleraient Luther ou Calvin? Nous serions des protestants.

» Une secte protestante de plus! la belle affaire, il y en a déjà plus de mille; il est temps au contraire de commencer à mettre un terme à cet éparpillement de l'humanité, à cet émiettement du pain de vie, à ce monstrueux déchiquetage du corps du Christ.

» Or, c'est là notre mission. L'instrument le plus puissant pour en opérer l'accomplissement, c'est l'institution catholique, et j'affirme qu'elle se mettra à cette œuvre, dès qu'elle se sera dépouillée de sa couronne païenne, c'est-à-dire de son pouvoir temporel.

» J'entends assez souvent plusieurs d'entre nous s'étonner des ménagements, tempéraments et atermoiements que le gouvernement français apporte, depuis dix ou douze ans, dans ses relations avec la papauté. Pour moi je n'en suis pas surpris; et il me semble que les profonds politiques qui blâment sur ce point la politique de l'Empereur, ne sont pas tout à fait aussi bien placés que lui pour apprécier les difficultés de la situation et les dangers de solutions improvisées, sur une aussi délicate matière.

» Ce qui ressort évidemment pour moi de notre conduite à Rome, c'est précisément que nous ne voulons pas détruire de fond en comble le catholicisme, mais que nous désirons qu'il se transforme; c'est-à-dire que nous appelons Napoléon III et non pas Mazzini.

» Se transformer, c'est se réformer par soi-même, tandis que lorsqu'on est réformé par autrui

on est tout simplement déformé, et le réformateur
risque souvent d'être difforme comme Henri VIII,
ou même comme Calvin.

» Se transformer, en religion comme en politique, c'est tout bonnement entendre et comprendre
cette simple parole : *Vox populi, vox Dei.* Certainement jusqu'à nos jours les sociétés politiques
n'ont pas été constituées de façon que la voix du
peuple se fît entendre, et voilà pourquoi nous avons
eu tant de révolutions. Quant à l'Église catholique,
elle jouissait jadis de cet avantage, elle s'en est
privée volontairement, de sorte qu'elle n'a plus
entendu ni la voix du peuple ni la voix de Dieu,
et qu'elle a été, depuis lors, réformée, c'est-à-
dire déformée par le schisme, par l'hérésie, par
la philosophie, par la politique, au point de ne
plus savoir elle-même ce qu'elle est, et de se
sentir menacée d'une prochaine et complète dissolution.

» Est-ce à dire que cette dissolution soit inévitable et désirable? autant vaudrait prétendre qu'il
est regrettable d'avoir vu naître dans notre siècle
un organe puissant, capable de faire entendre si
haut la voix du peuple et la voix de Dieu qu'il
triomphe irrésistiblement de la surdité la plus invé-
térée. Cet organe est l'*opinion publique*, qui rem-

porte toujours, comme l'a dit l'Empereur, la dernière victoire.

» L'Empereur a foi dans cet instrument vainqueur, et il a ses raisons personnelles pour y croire : il doit donc espérer que l'Église retentira un jour de cette acclamation populaire et divine à la fois ; il doit compter sur cette éclatante voix, plus que sur celle du canon, pour réveiller le catholicisme endormi au bruit monotone de son organe ; mais il ne veut pas, parce que la papauté a l'oreille dure, qu'on l'achève.

» Et d'ailleurs cette surdité actuelle est-elle momentanée ou constitutionnelle ? Depuis quand existe-t-elle et d'où vient-elle ? Encore une fois, c'est cette couronne impie de *César* qui bouche les oreilles papales ; qu'elle tombe, et le Vicaire du Christ entendra la voix du Christ, parlant par la bouche du peuple et priant le pasteur de revenir à son troupeau, de ramener les brebis égarées et de les défendre des loups dévorants.

» Ramener à une même communion toutes les sectes chrétiennes et l'islamisme et le boudhisme et tous les idolâtres qui vivent encore sur la terre, défendre tous les peuples contre l'exploitation du fort, convertir au contraire la force, la richesse, l'instruction, au profit de la faiblesse, de la misère et de l'ignorance, n'est-ce pas la mission donnée par le Christ aux apôtres et transmise par eux à l'Église? Que peut-elle rêver de plus grand, de plus saint, de plus glorieux? N'est-ce pas sa véritable couronne?

» Comment ! c'est un souverain temporel, un prince du monde, qui intitule la plus chère de ses œuvres : *Extinction du paupérisme* , et l'Église continuerait à prêcher son aumône dégradante, sa charité d'hospices, ses emplâtres émollients et soporifiques qui font patienter, sur sa croix, le Christ humain qui n'est abreuvé et nourri que de vinaigre et de fiel ! C'est à lui, c'est à César, que vous laisseriez l'honneur et la tâche de comprendre et de réaliser la volonté de Dieu, d'incarner dans la société l'esprit de l'Évangile, d'éteindre parmi des frères ce brûlant levain de servitude, de haine, de révolte, *la misère !*

» Non, saint Père, vous vous rendrez; vous vous rappellerez que vous avez poussé vous-même, *Urbi et Orbi*, le cri sacré : liberté ! le monde vous a entendu ; vous ne pouvez plus rester avec le despotisme, avec l'autorité rétrograde du passé, avec celle de l'immuable *statu quo ;* avec les sociétés fondées sur des castes, sur des priviléges, sur des négalités héréditaires, factices, indépendantes du mérite personnel et des œuvres. Vous craignez le mauvais socialisme, hâtez-vous de nous donner le bon, celui du Christ. — P. ENFANTIN. »

Cette sublime invocation devait rester vaine. Des encycliques de plus en plus illibérales sont venues depuis donner raison à ceux qui n'attendaient plus rien des lumières éteintes ou mourantes du Vatican, et qui rappelaient que les grands prêtres des religions en décadence n'avaient jamais su comprendre les signes des temps. Cette inintelligence, qui fit perdre aux enfants d'Aaron le privilége sacerdotal de leur race, n'est fatale, du reste, qu'aux institutions exclusives et immobiles qui font obstacle au développement du sentiment religieux. L'essence divine de la loi délaissée ne périt pas avec la lettre morte de cette loi, ni avec le sacerdoce et le culte antiques. L'esprit de progrès et le sceau divin passent toujours de l'Ancien au Nouveau Testament.

Le mouvement des affaires industrielles, la liquidation du passé dont Enfantin avait désigné les types et le tapis, dans ses lettres du mois de décembre, ne s'accomplissaient pas sans scandale et sans protestation. Des clameurs s'élevaient contre les manieurs d'argent, des poursuites étaient dirigées contre certains spéculateurs. Arlès se montrait tout à fait sévère à l'endroit de ceux qui n'apportaient pas comme lui, dans leur pratique industrielle ou commerciale, une délicatesse traditionnelle, une loyauté chevaleresque. Enfantin, lui que Rodrigues avait appelé l'*homme le plus moral de son siècle*, jugeait avec plus d'indulgence les innombrables malades de la fièvre d'enrichissement. « Cher ami, disait-il à Arlès (25 février 1861), vous êtes toujours pour la bataille et moi pour la paix, de sorte que, tandis que vous rêvez à l'extermination des gueux, je ne songe qu'à dégager l'élément progressif qui doit sortir du fumier actuel.

» Certes, vous avez raison de dire que vous voulez la punition et la récompense selon les œuvres, mais, hélas! la punition est joliment organisée, constituée, tandis que la récompense n'existe dans aucune institution sociale.

» J'ai déjà commencé une lettre à l'Empereur sur ce sujet. Je m'appuie sur M..... pour réclamer l'extinction du paupérisme et l'extension du suffrage à l'universalité des fonctions, et non pas seulement au trône, aux députés, aux conseillers départementaux et d'arrondissement et aux adjoints.

» Évêques, préfets, sous-préfets, etc., etc., doivent être présentés, par les administrés, au pouvoir qui les consacre.

» La Légion d'honneur elle-même doit être proposée par les inférieurs, contrôlée par les supérieurs, confirmée par les souverains, car ***** a la croix!!!

» Suffrage par en bas, concours entre égaux devant supérieurs compétents, consécration par en haut, le plus haut possible.

» Les communes créées pour l'extinction du paupérisme peuvent être constituées sur ces principes.

» Dans l'industrie, il n'y a que la justice consulaire qui soit constituée ainsi. Mais hélas, sauf la réhabilitation, elle n'est instituée que pour condamner quelqu'un.

» Les maîtrises n'existent plus, et il ne faut certes pas les ressusciter, mais il faut les remplacer.

» La publicité, comme dit Guéroult, doit éclairer sur la solidité et la moralité des affaires, surtout de celles qui administrent la fortune de tiers qui ont donné leur confiance.

» La commandite actuelle est un coupe-gorge; les surveillants peuvent n'être que des niais ou des gueux, et quelquefois l'un et l'autre......

» Comme presque tout le monde, vous vous exagérez les conséquences pénales, voilà pourquoi

vous ne comprenez que des Fouquier-Tinville auprès de Ger..... alors ça irait, ça irait, les *aristo* à
la lanterne! nous n'en verrions pas plus clair, mais
beaucoup plus trouble, et vous feriez bien de préparer vos paquets, vous, excellent millionnaire!

» Est-ce que ce n'est pas nous qui devons les
sauver, ces scélérats de millionnaires? Ils font des
cochonneries, c'est vrai, mais ils ne sont pas les
seuls; pas n'est besoin d'avoir million pour cela; il
suffit d'en vouloir, et qui n'en veut pas un peu?
Qui ne vole pas la femme de son voisin, la fille de
son ouvrier, l'idée ou la place de son ami, l'héritage de son frère ou de son cousin, la réputation
d'un concurrent et sa clientèle, le bois et la chan-
delle de son bureau, qui ne fait pas sauter l'anse
du panier ? Hélas ! vous et moi sans doute, et Brosset aussi, il en est jusqu'à trois que je pourrais
nommer. Non, cher ami, ce n'est pas ainsi que nous
devons envisager et comprendre le monde. Il est
malade, très-malade, respect et charité pour lui,
espoir en lui, car Dieu est en lui.

» Qu'est-ce que cette pourriture nous prouve?
qu'il n'y a plus de religion parmi les hommes;
pourquoi pas alors adorer Plutus ou Vénus, Mam-
mon ou le veau d'or?

» Redoublez donc d'ardeur et de zèle, enfants

de Dieu, pour le donner au monde qui pourrit et infecte comme Lazare, par l'absence de son ami, le Sauveur en qui était LA VIE. — P. ENFANTIN. »

Arlès persistait néanmoins dans la vivacité de ses répugnances pour les natures malsaines et pour les doctrines ultramontaines. Enfantin ne se lassait pas de le prêcher à ce sujet. — « Cher ami, lui écrivait-il le 20 mars, vous mériteriez bien que Dieu ressuscitât un Voltaire qui arrangerait le protestantisme, le philosophisme et vous, comme ce farceur-là a arrangé la Bible, les prophètes et spécialement Ezéchiel ou même la Pucelle d'Orléans. Ah! vous n'aimez pas qu'on plaisante vos saints! Cette fois-ci vous me le dites carrément, cela vaut mieux que vos critiques de mon style.

» J'espère bien que nous ne serons pas pendus, vous par les cléricaux et moi par les libéraux, mais s'il y a pendaison, je préfère, pour moi, être pendu par les deux, par le pape et par Calvin.

» Ah! vous trouvez que je froisse votre sentiment que vous nommez religieux, parce que je froisse votre haine de la religion de votre prochain! et vous trouvez que le moment est mal choisi.

» Si le pape triomphait, à la bonne heure ; vous auriez raison. Mais vous n'avez donc pas peur du triomphe de l'athéisme et même de Calvin; vous

n'avez pas peur que la France, l'Italie et même
l'Espagne se bornent à repasser par les chemins
où l'Angleterre et l'Allemagne étaient il y a deux
ou trois siècles, c'est-à-dire s'amusent à massacrer,
expulser, asservir des catholiques. Que voulez-vous
donc qu'on fasse de plus au catholicisme, en ce mo ·
ment, que de lui enlever sa couronne temporelle?
Elle tombe, mais gare à la tête du pape ! Si celle-ci
tombait, ce serait pis que le succès d'une bombe
d'Orsini, qui nous aurait rendu les Bourbons ou
93; car nous aurions déchaîné, au XIXe siècle, les
haines religieuses dont vous n'êtes pas seul à avoir
le malheur d'être possédé. — P. ENFANTIN. »

Lui n'avait pas ce malheur, il avait au contraire
l'ineffable bonheur de posséder l'amour religieux,
appliqué à Dieu et à l'humanité, à l'Être infini et
parfait, en même temps qu'à l'universalité des êtres
finis et perfectibles. Il s'occupait, à cette époque,
de la publication de l'œuvre la plus remarquable
qu'il ait écrite pour le développement de ses hautes
pensées sur les problèmes théologiques; son livre
intitulé : LA VIE ÉTERNELLE, — *passée* —
PRÉSENTE — *future* — était écrit sous forme de
lettre et précédé d'une préface où il résumait
ainsi sa sublime conception :

« Je m'adresse particulièrement aux personnes

qui s'imaginent croire à la vie éternelle, et qui ne croient pas cependant à une vie *passée*, antérieure à leur naissance; de sorte que, loin d'avoir foi à la vie éternelle, elles ne croient réellement qu'à une vie *future*, postérieure à leur mort.

» Cette contradiction avec leur prétendue foi dans la vie éternelle, qui devrait également rendre compte de la vie antérieure à la naissance et de la vie postérieure à la mort, et cette confusion, cette identification du futur et de l'éternel, les empêchent de comprendre la vie PRÉSENTE, lien de la vie *passée* et de la vie *future*, et de la pratiquer comme le fait celui qui croit réellement à la vie éternelle, embrassant le passé, le présent et l'avenir.

» Je m'adresse également aux personnes qui tiennent légitimement et avec ferveur à la perpétuation de leur individualité, de leur personnalité, à ce qu'elles nomment leur vie future et le salut de leur âme; tout en oubliant qu'il n'y a pas, qu'il ne saurait y avoir, et qu'on ne doit pas concevoir, imaginer, rêver une individualité, privée du milieu en qui elle puise et à qui elle donne incessamment sa propre vie.

» Par conséquent je cherche à faire comprendre et sentir que toute croyance à la perpétuation de

la personnalité, lorsqu'elle n'implique pas et surtout lorsqu'elle repousse la croyance à la perpétuation simultanée du milieu où vit cette personnalité, est une abstraction funeste, un rêve
d'égoïsme, qui détache l'individu de ce qu'il doit
aimer, l'homme de ses frères, l'être de tout ce qui
n'est pas LUI.

» Je crois à la vie éternelle, c'est-à-dire passée,
présente et future.

» Je crois à la perpétuation de ma personnalité,
c'est-à-dire d'elle et du milieu qui complète sa vie,
sans lequel elle ne saurait être, ni par conséquent
se perpétuer.

» Je crois que CE QUI EST contient le résumé de
ce qui fut, dont il est le tombeau, et le germe de
ce qui sera, dont il est le berceau, et que l'union
progressive de ce résumé et de ce germe, c'est-à-
dire de notre vie passée et de notre vie future,
constitue la vie présente, nommée plus spécialement LA VIE. — P. ENFANTIN. »

La lettre d'Enfantin sur la vie éternelle se terminait par cette prière que Dieu exaucera sans
doute un jour, mais qui rencontre encore bien des
obstacles à écarter et à vaincre chez les hommes.

« Mon Dieu! je vous renouvelle ici la prière
que je vous ai déjà adressée tant de fois, et que

certainement vous avez entendue et qui sera assu-
rément exaucée. Faites que les différends entre les
hommes, dans chaque société, et entre les peuples,
ne se terminent plus sur un échafaud ou sur un
champ de bataille. Faites que tous reconnaissent
que votre justice et votre puissance ne sauraient
admettre, pour *dernière raison* de la justice et de
la puissance humaines, la guillotine et le canon.
Faites que tous les justes et les puissants de la vie
présente et de toutes les vies passées s'inspirent
des vies à venir qui sont votre volonté même ; car
vous ne voulez pas plus de peine irrémissible pour
les vivants que de peine éternelle pour les morts ;
vous ne voulez pas que Caïn tue Abel, mais surtout qu'Abel tue Caïn. — Délivrez-nous donc, mon
Dieu, de la légalité impie de la peine de mort et de
la sacrilége légitimité de la guerre. Exaucez cette
prière ! Elle vous a été adressée implicitement, dans
toutes les paroles de Jésus, votre Fils, votre Verbe,
qui a été pourtant crucifié ; depuis longtemps déjà
elle est explicitement formulée par les prophètes
de notre avenir, dont plusieurs ont aussi bien souffert pour votre volonté de paix ! Exaucez-la, ce
sera la récompense des saints et des martyrs ; ce
sera le pardon des victimes repentantes et la peine
de tous ceux qui n'ont pas horreur du sang de

leur frère, malgré la parole du Christ et des
hommes que cette parole a saintement inspirés. »

A la suite de ces belles pages, dictées par l'esprit religieux et le sentiment philanthropique élevés à leur plus haute puissance, Enfantin publia
une note sur la *Philosophie du Credo*, ouvrage ré-
cent du R. P. Gratry. Nous reproduisons ici les premiers paragraphes de cet opuscule qui paraîtra
in extenso dans la collection des œuvres dont nous
poursuivons la publication :

« Le R. P. Gratry vient de publier un très-re-
marquable ouvrage, intitulé *Philosophie du Credo*.
Naturellement, la création y occupe la première et
la plus grande place. Il importait de voir réunies,
par un savant théologien, les plus puissantes armes
forgées par le christianisme pour installer cette
croyance dans le monde, et surtout pour la défendre contre des théologies ou des philosophies
différentes des siennes, particulièrement contre
l'athéisme et contre le panthéisme.

» L'érudition que le R. P. Gratry [1] emploie
pour cette exposition et pour ce combat, est aussi
profonde qu'elle est habile, mais elle a le malheur
attaché nécessairement à l'érudition ; elle reproduit

1. Le R. P. Gratry vient d'être nommé académicien en rem-
placement d'un philosophe redevenu orthodoxe, M. Cousin.

des arguments qui ont été parfaitement connus, appréciés, pesés, par les principaux et les plus vigoureux adversaires que la doctrine a rencontrés, non-seulement à son origine, mais surtout pendant et après l'apogée de sa puissance.

» Ainsi que l'auteur de la *Philosophie du Credo*, je combats l'athéisme qui prétend que Dieu n'est pas, mais qui n'affirme ce non-sens que parce qu'on a voulu lui faire croire et dire cet autre non-sens, doublement contradictoire, à savoir : que Dieu *éternel* avait *créé, un jour,* TOUT de RIEN. Je combats également le panthéisme, qui, après avoir posé que Dieu est *tout* ce qui est, en tirerait cette conséquence absurde, illogique, vrai contresens ; à savoir : que *chaque chose, chaque être* est Dieu ; mais je suis convaincu que l'athée nie seulement le Dieu *créateur* qu'on veut lui faire affirmer, comme je suis convaincu qu'il n'y a pas de panthéiste qui ait tiré de sa foi les conséquences impossibles et contradictoires avec cette foi même, que prétend en tirer légitimement le R. P. Gratry.

» Ainsi, il s'écrie : « Quoi ! *je suis* Dieu moi-
» même ! *tout être* est Dieu, tout acte de la vie de
» *chaque* être, inerte ou libre, est un acte de la vie
» de Dieu ! » Je ne crois pas, dis-je, que jamais pan-

théiste, quelque exalté qu'il fût, ait parodié ainsi
sa propre croyance.

» Je confesse même ma surprise de voir un
homme aussi grave, aussi vénérable que l'auteur
de la *Philosophie du Credo*, employer de pareilles
armes pour combattre même les erreurs d'hommes
aussi considérables que Spinosa, Hégel, Lamen-
nais.

» Autant vaudrait accuser tout homme qui croit
à l'infini en mathématiques, d'en conclure que
chaque nombre est l'infini. — P. ENFANTIN. »

Ce fut à Vichy, où il s'était rendu avec Lambert
pour combattre les symptômes d'une affection gra-
veleuse, qu'Enfantin acheva le couronnement de
son édifice théologique.

« J'ai laissé Lambert , écrivait-il de Paris à
Arlès, alors à Plombières, le 30 juillet 1861 ; j'ai
laissé Lambert très-bien portant et prolongeant de
quelques jours sa saison. Moi, j'ai terminé là-bas
la rédaction et même la correction de mon travail,
de sorte que je suis prêt à imprimer. L'Empereur
paraît aussi s'être très-bien trouvé de Vichy ; il y a,
dit-on, beaucoup travaillé à sa *Vie de César*.
Adolphe B....., qui en a entendu des lectures, a
dit à Lambert que c'était magnifique. Comment se
fait-il qu'il ne soit pas encore d'une seule académie,

lui qui a droit incontestable d'être dans les cinq, plus que tant d'autres dans une?

» J'ai entrevu Mocquard, mais ne lui ai pas parlé.

» J'ai souvent vu un aumônier de l'Empereur, ancien curé de Ham, évêque *in partibus*, bon vivant et qui était là d'ailleurs pour son propre compte, comme baigneur. P. ENFANTIN. »

Le 2 août, nouvelle lettre à Arlès qui s'était vivement ému, à Plombières, sur la nouvelle que les autorités de Lyon auraient interdit la représentation de *Tartufe,* et qui lui parlait d'un projet de faire jouer cette pièce dans une réunion particulière :

« Cher ami, quoique je n'aie pas, comme vous, la bosse de la *combativité*, l'idée *Tartufe* me semble assez drôle, mais elle sent trop le collége. Si vous aviez une salle à tenir un millier d'invités, à la bonne heure! mais une cinquantaine d'amis protestants, saint-simoniens, hérétiques, voltairiens, ça n'en vaut pas la peine. De plus, vous embêteriez sans fruit plusieurs de vos collègues invités du conseil général, de l'académie, de la banque et de la chambre de commerce; enfin, il me paraît fort douteux que les acteurs osassent donner cette leçon à l'autorité. Enfin Vaïsse ne me

semble pas avoir pu oser prendre cela sous son
bonnet. Enfin, enfin, il est très-possible qu'un
esclandre à propos du *Tartuffe* à Lyon produise
l'effet inverse de M. de Mérode à Rome et gêne
autant l'Empereur que l'autre l'aide. Il entend
mieux que nous la tactique...

» Je veux pouvoir courir un peu en septembre,
et d'ici là imprimer mon livre. Je n'irai donc pas
vous voir cette année à Plombières.

» Duveyrier est venu dîner hier soir, il travaille
à force à l'Encyclopédie. — P. ENFANTIN. »

Le 11 septembre, Arlès, rentré à Lyon, reçoit
une courte lettre du maître dans laquelle nous
lisons :

« J'ai remis à Arthur l'épreuve en question
(l'épreuve de *la Vie éternelle*). Exercez Gros-Jean
sur cette œuvre de son curé. — P. ENFANTIN. »

Enfantin, obligé de prendre un peu de repos,
alla passer quelques jours en villégiature, dans le
département de Loir-et-Cher, chez son ami Blaise
(des Vosges). Il écrivit de là, le 24 septembre, à
Arlès :

« Rocentuf, 24 septembre 1864.

» Cher ami,

» Je retourne demain à Paris, après avoir passé
dix jours à chasser, pêcher, vivre en veste, sans la

moindre visite, jouer au billard, au wisth, au do-
mino, à corriger mes épreuves, le tout sans la
moindre gêne d'aucune nature, ce qui est un très-
grand point à mon âge. Ajoutez que j'ai bu du lait
et mangé du raisin à gogo et que je me suis porté à
merveille.

» J'espère trouver à Paris vos observations sur
mon livre ; je souhaite qu'il ne vous ait pas semblé
trop long et trop assommant. *Je crois qu'il sera*
MEILLEUR *pour* 1961 *que pour* 1861, *et je voudrais qu'il fût trouvé* MEILLEUR ENCORE, *en* 2061,
et de siècle en siècle. JE NE CROIS PAS AVOIR EN-
CORE EXPRIMÉ AUSSI CLAIREMENT ET AUSSI PURE-
MENT NOTRE DOGME.

» Voici le temps qui tourne à l'automne ; les
hirondelles s'en vont et les corbeaux arrivent. Tous
nos dix jours ont été superbes.

» Je n'ai pas lu un journal, quoique Blaise en
reçoive plusieurs. Je n'ai pas même pensé aux chemins de fer et aux eaux, quoique Sellier fût là. J'ai
vécu dans la vie présente, TOUT PLEIN DE MA VIE
ÉTERNELLE, RUMINANT LES GRANDS PASSÉS ET LES
GRANDS AVENIRS QUI VIVENT EN MOI.

» A Dieu et à vous. — P. ENFANTIN. »

Revenu à Paris, Enfantin y passa quelques jours
sans recevoir la réponse qu'il attendait d'Arlès, et

quand elle lui arriva, il avait déjà pris son parti
pour ne pas retarder davantage la publication de
son livre. C'est ce qu'il écrivit à Lyon, le 9 octobre, de sa retraite de Saint-Germain :

« Cher ami, dit-il, vous restiez si longtemps sans
parler que j'ai pensé : *qui ne dit mot, consent;* j'ai
donc donné le bon à tirer.

» D'ailleurs, vous me faites des observations
qui exigeraient des remaniements considérables ou
plutôt qui attaquent toute la forme intime, libre,
sans façon, que j'ai voulu donner à ce travail,
adressé à un camarade d'école. Je suis même surpris
que vous n'ayez pas relevé le tube de porcelaine,
l'enfant à Lucine et autres plaisanteries plus ou
moins légères.

» Je n'ai pas compris ce que vous entendez par
les phrases *personnelles* qui déparent, etc., etc.
Est-ce ce que je dis de ma mère, de mon frère, de
mon père? Mais alors, où diable avez-vous trouvé
à pleurer?...

» Vous êtes content au fond; c'est l'important,
laissez-moi ma forme. Vous savez bien que le grand
républicain T... gémissait de ce que Saint-Simon
avait gâté ses sublimes idées par la forme qu'il leur
avait donnée!!!

» Relevez les épîtres qui n'ont pas de formes

cicéroniennes. J'admets même que je montre mes mauvais côtés ; *je crois indispensable qu'on me voie* TEL QUE JE SUIS, *et non déguisé en pape in cathedrâ.*

» Quant à mon regret et dépit de ne pas être académicien, il faut que vous m'ayez lu avec vos lunettes d'académicien pour n'avoir pas compris que je me fiche d'eux, voilà tout. J'en aurais dit autant de beaucoup d'autres corps dont je n'ai nulle envie de suivre la marche, et sans éprouver ni regret ni dépit. Vous n'avez pas besoin que je vous les nomme ; j'ai bien mieux que tout cela en vue : Dieu lui-même, l'académicien éternel.

» A vous, ami, et riez un peu, car vous me faites l'effet d'être attristé par mon œuvre, ce qui est contraire à mes intentions.

» J'écris si mal que je voulais finir. Il faut pourtant que j'ajoute un mot sur cet effet sinistre que cette première lecture paraît avoir fait sur nous. Évidemment, cette révélation de la vie éternelle ne vous met pas la joie au cœur. Or, j'ai foi qu'elle épanouira un jour la figure des croyants, à peu près à l'inverse de ce que l'on appelle aujourd'hui *la vie éternelle.* Je suis moi-même réjoui de l'avoir écrite, quoique j'aie pleuré aussi en l'écrivant, mais de douces larmes, non des larmes de colère, de souffrance, de regret, de dépit, de désappointement, de désespoir.

» Dans votre lettre, pas un mot de satisfaction pour vous, pour ceux que vous aimez, il semble que vous n'en avez pas même conclu que nous nous possédons l'un l'autre pour l'éternité, quand bien même il faudrait des siècles avant que ce que Dieu vous révèle par moi devînt la croyance générale de l'humanité.

» Vous dites que je suis *inattaquable* au fond. Le beau mérite d'être inattaquable ! Dites donc cela à une femme que vous aimez, et qui vient de vous dire : je t'aime. J'ai dit à tous les hommes : je t'aime, comme on ne l'avait jamais dit depuis Jésus-Christ.

» Faites donc relire cela par Lambert.

» P. Enfantin. »

La Vie éternelle parut chez Dentu, dans la seconde quinzaine de novembre. Le 28 de ce mois, Enfantin annonçait à Arlès qu'il venait de l'adresser à Cobden, ainsi qu'à lui. Il parlait ensuite d'un projet de désarmement général dont on supposait que le gouvernement français avait pris l'initiative.

« On dit, ajoutait-il, que l'Autriche et la Russie, consultées par Thouvenel, ont répondu qu'en raison de leur situation intérieure, elles *ne pouvaient pas;* et la Prusse, vu l'extérieur, qu'elle *ne le voulait pas.* Je doute fort qu'en France on ait eu l'idée d'un désarmement réel, tel que vous voudriez qu'il fût. On aura peut-être une économie sur des congés momentanés plus nombreux qu'à l'ordinaire, mais avec rappel très-facile et rapide au premier coup de tambour. — P. ENFANTIN. »

Enfantin exprimait ensuite le regret que le gouvernement impérial ne pût pas faire, en France et même à Rome, tout ce qu'il avait conçu, à cause des méfiances extrêmes de l'étranger, bien moins *avancé* que l'Empereur et que la France.

« Je vous vois frémir en lisant ce mot *avancé,* disait-il à son ami, ne mesurez pas cela à l'aune de coton, de laine, de soierie, et même à l'hectolitre de blé. Songez, comme nous disons avec Charles dans son économie politique, à la *répartition* et non pas seulement à la *production* des richesses.

» Bien des gens ont cru que nos deux Napoléons, au lieu de faire des 18 brumaire ou 2 décembre, auraient dû donner à la France toutes les libertés imaginables...... Ce n'est pas de *liberté* que nous avons le plus besoin aujourd'hui ; c'est d'*autorité intelligente, sachant l'avenir.* — P. ENFANTIN. »

Cette autorité intelligente et exercée à l'étud e

de l'avenir, Enfantin avait foi qu'il la voyait en face de lui. Cependant ses aspirations devenaient parfois impatientes, et il ne trouvait pas toujours que le char du progrès marchât assez vite. Sa parole, calme d'ordinaire et confiante, se rapprochait alors de la vivacité frondeuse de son correspondant de Lyon.

« Le fait est, lui disait-il (29 novembre 1861), qu'à force de mûrir toutes choses, on risque d'en laisser pourrir beaucoup, à commencer par la banque et le clergé et la bourgeoisie qui travaillent tous à rebours du gouvernement démocratique et social entrevu dans l'horizon de Ham... Je ne m'en désole et ne m'en effraye pas, parce que je sais bien que l'excès des efforts rétrogrades ne pousse que davantage en avant, mais souvent avec chocs et déraillements. Tenons-nous donc l'œil ouvert et prêts à sauter. Soyons disponibles et non empêtrés dans nos bagages.

» L'exposition de Londres sera certainement une fort belle chose. Mais je ne peux pas croire qu'il sorte rien de là. C'est sur d'autres faits qu'il faut porter la vue, et je suis sûr que Malakoff sait mieux de quoi il retourne que Leplay et même que Cobden. Tous ces armements universels sont la vraie exposition universelle du moment.....

» Sans doute Louis-Philippe a fait des fortifi-
cations qui n'ont servi à rien qu'à contribuer à le
mettre à la porte. Je ne fais pas plus de fond sur
les armements actuels, mais je sens qu'ils mènent
à la porte une foule de choses qui doivent partir
comme Louis-Philippe, particulièrement par la
porte d'Angleterre, où la pairie me paraît plus
menacée que l'aristocratie autrichienne, qui n'est
déjà presque plus une aristocratie, et même que les
cardinaux qui sont moins vieux que Palmerston.
Bright, qui est plus batailleur que Cobden, en sait
quelque chose.

» Ce sera certainement le grand événement du
siècle, sans lequel la France ne pourrait propager
hors d'elle, ni même réaliser chez elle aucune des
grandes choses que Saint-Simon a annoncées au
monde. Et c'est pour cela que Napoléon III est
venu continuer l'œuvre de son oncle.

» L'Amérique sera l'occasion ; elle y a préludé
par Washington et à propos du thé ; mais le coton,
c'est bien autre chose ! Donc veillez à votre barque.
— P. Enfantin. »

L'importance qu'il attachait à la question anglo-
américaine lui faisait dire, six jours après, dans un
billet à Arlès :

« Cher ami, je dînerai au Louvre lundi avec

vous, j'en préviens Duveyrier. Je vous y lirai une longue lettre que j'écris à Cobden, en lui envoyant mon livre. C'est sur l'Amérique et l'Angleterre, fait capital du xixe siècle.... »

Ce fait capital qui le préoccupait ne l'empêchait pas de suivre activement les autres questions alors pendantes en France et en Europe, et il donnait spécialement son puissant concours à l'entreprise de l'Encyclopédie. On peut en juger par cette lettre de Duveyrier, datée du 26 novembre :

« D'abord, cher et bon père, que je vous embrasse et vous crie *bravo* et *amen*.

» Nous aurons du mal. Cependant, je crois que Sainte-Beuve peut et doit lire avec fruit *votre travail*.

» Je vais le copier, le communiquer d'abord à Isaac, et nous verrons qui doit faire la démarche.

» Le dîner viendra après, et peut-être sera-t-il bon qu'Isaac en soit.

» A vous, et à bientôt, de tout cœur.

« CH. DUVEYRIER. »

Le 7 décembre, après une conférence avec MM. Michel Chevalier, Émile et Isaac Péreire, Duveyrier écrit de nouveau à Enfantin et lui dit :

« Cher père, j'ai soulevé la grosse question, ou plutôt les deux grandes mesures sur *l'éducation* et *le crédit* dont les développements ont été présentés par Michel dans son cours de deuxième année comme les moyens futurs de faire progresser *la distribution.*

» Émile, Michel et Isaac ont été d'accord que notre économie politique devait, *à son point de vue,* attaquer à fond ces deux points. Chacun a parlé sur le sujet, assez longuement pour que je sois certain de bien connaître leurs dispositions ; elles sont identiques aux miennes. Je résumerai ainsi l'idée qui nous accorde :

« Quel est le principal obstacle aux améliorations larges dans la condition du peuple? — C'est qu'on n'en comprend pas les conséquences économiques. Et comme l'a dit Émile, l'organisation nationale, universelle, de l'enseignement, est une aussi bonne affaire que la construction des chemins de fer, *et bien plus productive de bénéfices.*

» C'est là le point essentiel. Nous devons sans doute développer les principes, faire de la *science pure,* mais le gros de notre publication, qui intéressera le plus grand nombre de lecteurs, sera LA SCIENCE APPLIQUÉE.

» Le principe étant donné, on se demandera :

Qu'est-ce qu'il y a à en faire? Il faut donc plonger avec notre principe

> dans l'éducation et la retraite,
>
> dans le crédit,
>
> dans l'impôt et l'emprunt,
>
> dans l'assurance, etc.,

avec l'idée d'arriver, sur chaque chose, à cette conclusion :

« Au moyen de certains procédés, l'éducation, le crédit, etc., appauvrissent;

» Par tels autres procédés, l'éducation, la retraite, etc., enrichissent. »

» A mardi, et toujours à vous de tout cœur.

» CH. DUVEYRIER. »

P.-S. « J'ai vu Sainte-Beuve qui m'a chargé, avec beaucoup de tendres amitiés, de vous remercier de votre envoi. Je me suis décidé à lui remettre vos observations sur son programme. Je le reverrai mardi. Mais, de toutes façons, vos excellentes vues ne resteront pas sous le boisseau.

» Quant aux mathématiques, je verrai bientôt Lamé. Nous ferons tout ce que nous voudrons. »

Duveyrier reçut bientôt une réponse de Sainte-Beuve à la communication qu'il lui avait faite et il la transmit aussitôt à Enfantin avec ces quelques mots :

« 18 décembre 1861.

» Cher père, voici une lettre de Sainte-Beuve qui
vous fera plaisir. Gardez-la-moi. Je tiens à conserver ma correspondance encyclopédique.

» Vous avez le programme de Sainte–Beuve,
pourquoi ne le compléteriez-vous pas avec vos observations dont je joins ici la belle copie que j'en ai
fait faire. *Michel et les Péreire sont tout à fait
dans votre sentiment. Laissez–vous aller.*

» CH. DUVEYRIER. »

LIV

(1862)

Le fils aîné de Duveyrier (Henri), au retour de
sa visite scientifique au pays des Touaregs et de
son héroïque voyage à travers le désert, était tombé
très-dangereusement malade à Alger, chez le docteur Warnier qui le soignait comme un père, et
qui s'était empressé d'aviser la famille par le télé-
graphe. Duveyrier s'était aussitôt arraché à la
grande œuvre qu'il préparait pour se rendre en
toute hâte au lit du jeune malade qu'il craignait de
trouver mourant. Le docteur était parvenu à arrêter les progrès du mal, et ses lettres, qui servaient

de bulletins aux parents et aux amis, étaient attendues avec impatience à Paris. Enfantin, qui aimait beaucoup l'intéressant voyageur, et pour lui-même et pour son père, était profondément touché des dangers que sa vie avait courus. Le 11 janvier 1862, il écrivait à Arlès :

« Cher ami, je ne vous ai pas transmis de nouvelles d'Henri parce que je ne savais où vous prendre. La dernière lettre de Warnier est du 7, elle est admirable de cœur; c'est un tableau si frappant de la situation, qu'en la lisant on est vraiment dans la chambre du malade. Le mieux fait chaque jour un progrès sensible; je crois que Charles ne tardera pas à revenir. »

Enfantin se sentait lui-même incommodé à cette époque. Il avait consulté un de ses intimes amis, et il disait à Arlès dans cette même lettre du 11 janvier :

» Yvan a trouvé du sucre dans mes urines, de sorte que je me livre au régime diabétique qui n'a rien d'ailleurs de pénible. Je me doutais de cette situation à cause de mes altérations extrêmes et des urines très-abondantes.

» Voilà ce que c'est que d'être si bénin, si optimiste, si doux, si anodin, si sucré! Vous n'êtes pas exposé à cela, vous, vinaigré. Les prêtres entre-

tiennent votre santé en fouettant votre sang ; moi,
ils ne peuvent me mettre en colère..... »

Le 14 janvier, Enfantin revenait sur le même
sujet et disait à son ami :

« Il paraît que vous ne connaissez pas le régime
prescrit au diabète ; le vin pur et généreux, l'eau-
de-vie, le gibier, le cochon, en sont. Rassurez-
vous d'ailleurs, je ne suis pas encore bien convaincu d'être réellement atteint, par la raison que je
pratiquais assez fortement le régime des douceurs,
y compris le miel et les confitures et les fruits, ce
qui pouvait bien mettre un peu de sucre dans mes
urines. Je n'essaye le régime diabétique que pour
faire bientôt une nouvelle analyse, confirmative ou
négative.

» Je ne vois pas d'ailleurs que ce régime tonique
me fasse trembler davantage, c'est plutôt le contraire. Toutefois, quoique j'use très-modérément
de l'eau de Vichy, il me semble qu'elle me fatigue
un peu, mais elle a fait disparaître mes altérations.

» J'attends très-impatiemment l'exposé de la
situation, à l'ouverture de la session.

» P. ENFANTIN. »

A cette époque la position financière de Lamartine était déjà grandement embarrassée. Lui qui

visitait autrefois les lieux saints, en roi bien plus qu'en pèlerin, et à qui Enfantin avait dû rappeler qu'il avait *dépensé tant d'or et joui de tant de voluptés*, dans sa réponse à la déplorable diatribe que l'illustre poëte avait dirigée contre les instituteurs et les socialistes, pauvres ou misérables, et qu'il représentait comme des spoliateurs ; lui, Lamartine, était alors assez inquiété par ses créanciers pour entreprendre une édition complète de ses œuvres en 40 volumes et par souscription. Enfantin avait reçu un prospectus et il pensait bien qu'Arlès n'avait pas été oublié dans cette distribution ; aussi lui écrivit-il (21 janvier) :

« Cher ami, quelle rude expiation que celle de Lamartine ! Mais que faire ? Je n'en sais rien. Je me fiche pas mal que son créancier, le Crédit foncier, y perde, ou même que ses autres créanciers, hypothécaires ou non, ne soient pas payés par la vente de ses 40 volumes ; je crois donc que les souscriptions ne servent et ne serviront qu'à faire vivre ce Bélisaire, cet Œdipe, cet Homère. C'est donc une *rente viagère, insaisissable* qu'il faudrait que Péreire, Bartholony, vous, nous, et tant d'autres, nous lui fissions [1]. Mais comment en arriver

[1] C'est ce qui vient d'être fait par l'État, à titre de *récompense nationale*. Il est certain que s'il y a eu, dans la vie poli-

là? — En attendant, il est impossible que vous ne répondiez pas à cette lettre par l'envoi de 360 fr. pour les 40 volumes.....

» Duveyrier va revenir plein d'une légitime reconnaissance pour Warnier. Il sera à Paris le 1er février; il passe par Barcelone. Henri est à la campagne. »

Peu de jours après (fin janvier) nouvelle lettre à Arlès, d'où nous extrayons ces quelques mots :

« Je dîne mercredi chez Isaac, je pense que j'y trouverai les encyclopédistes. Ce travail ne va pas aussi vite que l'hôtel de la paix.....

» Le mémoire de Fould a du bon; ce n'est pourtant pas fameux.... J'espère que le discours d'ouverture de l'Empereur vaudra mieux que Fould. »

Du 10 février. — Enfantin à Arlès :

« Le dîner chez Isaac s'est très-bien passé; j'y ai

tique de Lamartine, des actes qui, selon le mot d'Enfantin, méritaient *expiation,* il y en a eu d'autres aussi qui ne pouvaient être oubliés sans *ingratitude.* C'est à l'abri de ce nom que pendant trois mois, en 1848, bien des gens qui ne s'en souviennent plus aujourd'hui, purent dormir tranquilles. Lamartine fut alors le *Bélisaire* de l'empire de l'ordre ; il n'y eut pas, sous le gouvernement provisoire, une seule goutte de sang répandue. Il y a bien aussi quelques pages *homériques* dans les poésies de cet homme.

fait avec plaisir la connaissance de Franck qui sera très-utile à l'Encyclopédie.

» Le lundi, chez Lebey, où vous étiez invité, j'ai retrouvé avec grand plaisir Delangle qui avait été, il y a trente-cinq ans, l'avocat de mon père, et dont j'étais le préparateur de plaidoiries, faisant notes, mémoires, rapports, etc. Il a été fort aimable. Nous avons parlé beaucoup de l'*Opinion nationale*, de Guéroult, de l'Angleterre, de Cobden. C'était bien.

» Les journaux continuent à se taire sur *la Vie éternelle*. Adieu, cher ami. — P. ENFANTIN. »

Du 21 février. — Enfantin à Arlès :

« Lambert va bien ; vous savez qu'il est très-paresseux pour écrire.

» Guéroult a fait un bien joli article en battant M. Baudon (le général de l'ordre de Saint-Vincent de Paul) sur le dos de M. Troplong.

» Duveyrier travaille comme un diable ; Lagoutte lui-même ne le voit presque plus. Il est à la température Diderot ; seulement son conjoint Michel n'est pas encore au degré d'Alembert.

» Je vois que vous songez toujours beaucoup à l'exposition de Londres, mais je ne comprends pas bien ce que vous vous proposez d'y être ou d'y faire. Vous allez dire que je prétends toujours au rôle du bon Dieu; c'est un peu vrai. Mais si vous n'y allez pas dans le but d'enfoncer l'aristocratie anglaise, je ne sens pas bien la figure que vous y ferez au milieu de tous ces Le.... Ge..., et *tutti quanti*, qui iront pour gagner le sénat, la croix ou de l'argent.

» A moins que vous n'y soyez le délégué des ouvriers français qui s'organisent pour y aller; et pourquoi pas? *Le tambour-major* des anciens jours pourrait fort bien remplir le rôle de LA MÈRE DES OUVRIERS FRANÇAIS, à Londres.

» Il faudrait alors embaucher Vinçard pour lui faire donner sérénade à Cobden et à Bright.

» P. ENFANTIN. »

Du 24 février. — *Le même au même :*

« J'ai vu le jeune R. (un peintre qu'Arlès avait chargé d'un tableau devant représenter, d'après la bible, la sainte famille des travailleurs) et son esquisse. La difficulté me paraît comme à lui *la dimension* que vous lui fixez. Il voudrait, et il a raison, que ses figures fussent *demi-nature*. Il me semble impossible de leur donner l'expression convenable à la scène sans cela.

» La sainte famille du travail matériel est bien là, mais avec tout l'inconvénient de se greffer sur la tradition d'une époque où le travail était par

trop exclusivement matériel, grossier, sale, très-
peu attrayant, vraie corvée. Sans doute, pour un
peintre, ce peut être un moyen d'exprimer que le
christianisme a dit : *qui travaille, prie,* mais quel
travail, et quelle prière ?

» Ce n'est pas ce Dieu (pur esprit) des chrétiens
qui a enseigné le travail, sa puissance, sa grandeur ; c'est plutôt leur diable, né dans l'enfer païen
et élevé dans le temple de Salomon, et que Jésus
lui-même a chassé du temple. Vulcain, Mercure,
l'industrie et le commerce étaient dans les ordures
que Jésus balaya de la maison du Seigneur.

» C'est donc un vrai tour de force ou un esca-
motage d'esprit que vous faites et voulez faire exécuter, en cherchant la sanctification, la réhabilitation de *la chair* dans le *verbe* chrétien. Ce qu'il y
a de certain, c'est que si le christianisme avait pu
jeter à la voirie tout l'Olympe et brûler tout Israël,
nous serions tous des capucins, des va-nu-pieds,
des mendiants, des pouilleux.

» Je n'ai pourtant pas peur de votre *jeu de verbe,*
de votre approximatif ; c'est un calembourg qui ne
manque pas de charme, mais il y a tant de gens
qui ne comprennent pas les calembourgs ; en pein-
ture surtout c'est fort difficile à réussir...

» Toutefois laissez faire, puisque le peintre y

voit quelque chose. C'est toujours une occasion de faire trois bonnes figures de couturière, de menuisier et de balayeur — sans être obligé de peindre, comme Murillo et autres, des anges frottant le ciel et brossant le manteau du bon Dieu.

» Que dites-vous de *la mère des ouvriers français à Londres ?*

» P.-S. — Le prince a dit de bonnes choses. — La lettre à Palikao me semble dangereuse.

» P. ENFANTIN. »

Du 3 mars. — *Le même au même :*

« Les affaires publiques se chauffent d'une façon qui ressemble à 1847 et 1829. J'espère encore que le résultat ne sera pas le même, et qu'on laisse s'enferrer bien des gens, y compris les gens d'église.

» Fould a bien reçu une lettre qui le remerciait et le félicitait d'avoir courageusement critiqué les finances impériales. —Le prince en recevra peut-être aussi une au premier jour. (Le prince Napoléon venait de prononcer au Sénat un discours qui avait un grand retentissement en France et en Europe.)

» En attendant, Thouvenel lui a dit samedi : « Monseigneur, vous avez bien fait mûrir la question » (la question italienne). Et Billault : « Monseigneur, vous avez rendu ma tâche bien difficile. »

» Le ministère veut faire retomber l'échec Palikao [1] sur les légitimistes et les orléanistes. Lisez
le *Constitutionnel...* Renan a une lettre qui lui dit
que la suspension a été décidée par suite de circonstances politiques fort graves, mais qu'il reprendra son cours prochainement.

» La dissolution de la chambre, cette année, ne
me paraît plus douteuse. On l'enferrera au budget
sur quelque point mieux choisi que Palikao, qui
jusqu'ici me semble une grosse boulette.

» Bonjean et le prince ont fait d'assez bonne
histoire critique. — P. ENFANTIN. »

Du 9 mars. — *Le même au même.*

« Cher ami, Palikao se prolonge d'une façon de
plus en plus inquiétante. On dit que les députés de
Paris ont déclaré qu'en cas d'adoption de la loi
nouvelle, ils donneraient leur démission, et qu'on
verrait alors, par la réélection, l'opinion de Paris
sur la question.

» Votre retard à me répondre sur *la mère des
ouvriers* ne m'étonnait pas; votre réponse me paraît très-raisonnable. Seulement je crois que vous
vous trompez en espérant enseigner à Bright

[1] La commission du Corps législatif se montrait contraire
au projet de dotation pour le comte de Palikao.

comment il faut démolir l'aristocratie anglaise. Je trouve si naturel, si légitime, le silence de Cobden sur ma lettre et sur la vie éternelle! Ces gaillards-là en savent bien plus que nous sur ce qu'ils peuvent, doivent et veulent faire. Nos efforts sur eux sont semblables à nos efforts sur Louis-Philippe et sur ceux qui vinrent après lui. Ils n'ont de valeur que par la publicité et *sur d'autres qu'eux*. Eux ne peuvent pas les entendre; ils sont trop vieux et ont un épais coton dans les oreilles. En somme, je ne vois pas que vous ayez une bien claire notion de l'utilité de votre séjour en Angleterre pendant l'exposition, et cela ne m'étonne pas.

» P. ENFANTIN. »

Du 11 avril.— *Enfantin à Arlès* (alors à Breslau et qui lui demandait *la parabole de Saint-Simon*.)

« Cher ami, je ne saurais où vous trouver la parabole de Saint-Simon autrement que dans les livres de ma collection d'archives; cela n'existe pas isolé.

» Vous voici amoureux de la Silésie comme de Cannes; vous êtes pour la papillonne. Je suis enchanté que vous visitiez de près ce *gâchis prussien* qui est fort intéressant pour la politique générale de l'Europe. Je pense que vos amis ne vous auront pas fait coffrer comme un agitateur étranger (comme cela arriva un jour, en Prusse, au philosophe Cousin). — P. ENFANTIN. »

Du 26 mai — *Le même au même* (à Londres).

« Cher ami, vous ne me parlez pas de retour ; je pense donc que vous n'y songez pas encore.

» Pierre et Henri (Duveyrier) sont arrivés hier avec Warnier et les Touaregs ; ils dînent demain à la maison, bien entendu sans leurs sauvages...

» Peut-être que le Mexique sera terminé avec Rome qui commence pourtant à bien ennuyer tout le monde.

» En nommant des sénateurs de l'âge d'Ingres, on se prépare des vacances prochaines.

» Il paraît que l'argent afflue au *Prince-Impérial* (prêt à l'enfance), et qu'on s'occupe activement de succursales de province.

» Vous avez vu que Vaïsse a commencé à tenir tête aux cléricaux ; c'est bien bon signe.

» Ne vous plaignez pas trop de la gloriole de M. en Angleterre. Comme dit Hugo, un lord n'est qu'un *pair de France d'Angleterre*.

» Demarquay vous aura donné de bonnes nouvelles de moi. Chez lui j'ai beaucoup causé avec Saint-Georges. Maintenant qu'Halévy et Scribe sont morts, j'aimerais assez qu'il travaillât avec

David ; mais il a deux œuvres posthumes de ces messieurs à faire jouer auparavant, de sorte que je n'ai pas lancé l'idée. Le succès de David va *crescendo*.

» Adieu, vieux, qui courez comme un jeune homme. Moi, je suis décidément très-vieux.

» P. Enfantin. »

Du 14 juin — *Le même au même.*

« Cher ami, j'ai vu par votre bonne lettre à Duveyrier que vos soixante-quatre années vous allaient assez bien. Je vois, d'après ce que m'a dit hier Frémy, qu'avant la soixante-cinquième vous verrez commencer l'affaire de la Dombes (desséchement et chemin de fer).

» Il paraît que l'Empereur a dit : *Je le veux.*

» On assure aussi qu'il va reconnaître le roi d'Italie.

» On tâte le pays par les conseils généraux ; mais il me semble qu'on laisse barboter encore les électeurs dans l'orléanisme et le légitimisme ; parce qu'on ne dit et ne fait rien qui les guide et qui fasse surgir des hommes différents de ceux que la chambre des députés nous montre. Du reste, je les aime mieux que ceux qui iraient se ranger sous la bannière de Jules Favre, Darimon, Picard et Jules

Simon. Quant à Ollivier, il me semble qu'il est en progrès.

» Adieu, vieux de la soixante-quatrième.

» P. ENFANTIN. »

Du 15 juin — *Le même au même.*

« J'ai oublié hier de vous dire que B. et S., que j'ai vus encore ce matin, désirent vivement que vous soyez ici du 20 au 25, afin de vous entendre pour l'affaire de la Dombes.

» Je m'occupe beaucoup en ce moment du chemin de Valence à Grenoble pour le tracé intéressant Romans...

» Isaac vient de me faire cadeau de cigares délicieux. Je lui réponds que maintenant je me laisse gâter sans scrupule, *parce que cela ne doit pas durer longtemps ;* Jules (Jules Lechevalier, enterré la veille et aux funérailles duquel Enfantin avait assisté avec Émile Péreire, Laurent et quelques autres anciens membres de la famille saint-simonienne) nous ayant dit hier : *memento.*

» Je dîne demain chez La Sizeranne avec Émile Giraud, le général Luzy, et Nugues. Banquet romanais pour le tracé. — A vous.

» P. ENFANTIN. »

Du 23 juin — *Le même au même.*

« Cher ami, M. de Persigny a répondu à

Mme O'Connel en lui envoyant son secrétaire qui s'est montré enthousiaste du dessin, et qui a dit que le ministre écrirait lui-même pour donner audience, dès que le coup de feu actuel de la politique serait un peu éteint. Je crois pourtant qu'il serait bon que vous lui dissiez qu'il ferait œuvre utile pour tous et agréable pour lui-même, s'il recevait l'auteur avec *le spécimen de son grand projet artistique, historique, politique et religieux*, et s'il les présentait tous deux, auteur et dessin, à l'Empereur, afin que celui-ci donne les moyens de réaliser cette belle et utile conception...

» De mon côté, je continue à force mon travail sur *la vie*.

» Attendons maintenant ce que va produire la mort de Cavour.

» En voilà une Vie qui s'est fermement incarnée dans le monde. Il est bien évident que si ce gaillard-là ne vit plus dans les conditions apoplectiques où il était, il vit encore dans ce monde politique où il a versé goutte à goutte toute sa personnalité. Comment se manifeste et où se trouve le développement de cette personnalité? Je n'en sais rien, mais je suis bien certain qu'elle existe, qu'elle est dans ce monde, et non dans un ciel ou un enfer qui ne sont pas de ce monde, et qui ne sont pas des rêves d'extatiques et d'égoïstes qui n'aiment que le Dieu créé par leur esprit et EUX.

» A vous, cher ami. — P. ENFANTIN. »

Juillet, mercredi (sans date) — *Le même au même :*

« Cher ami, j'ai vu par votre lettre à Charles que vous ne reveniez pas avant le 20. Peut-être attendez-vous que le prince arrive.

» Il me tarde de savoir en quoi les progrès anglais vous semblent *inquiétants;* ce mot appartient à la langue Mimerel, non à la vôtre. Je ne l'aime pas dans vos lettres; les protectionnistes, inquiétés bien avant vous, pourraient en abuser aujourd'hui contre vous.

» Je dîne ce soir chez Duveyrier, et j'ai dîné hier chez Guéroult. Notre fusion (celle des compagnies de Paris et de Lyon en une seule, sous la raison sociale : *Paris-Lyon-Méditerranée*) , continue à marcher comme les affaires de Rome. Je ne sais pas encore au juste ce que je deviendrai moi-même dans tout ceci. J'y veille et cela me tient forcément à Paris.

» Je donnerai ces jours-ci une lettre pour vous à Mme O'Connel qui va visiter Londres. Cette vigoureuse artiste a commencé sans vous, avec vos photographies seules, votre portrait, en pendant du mien, sous forme de *Girondin presque Monta-gnard*; c'est déjà très-curieux.

» Je crois qu'avec son talent et même son nom, elle a raison de tâter l'Angleterre. Il faudrait qu'elle pût faire Bright; c'est déjà une belle tête.

» Adieu, cher ami, j'écris si péniblement (le tremblement des mains empirait toujours) que je m'arrête. — P. ENFANTIN. — *P.-S.* Lambert ici présent vous fait ses amitiés et part ces jours-ci pour Vichy. »

Juillet, dimanche (sans date). — *Le même au même :*

« Cher ami, je vous ai annoncé que vous verriez bientôt Mme O'Connell : la voici. Je la laisse parler. Vous savez assez que tout ce que vous ferez de bon pour elle me sera agréable.

» Je pense que l'arrivée de M. Rouher, et sans doute bientôt celle du prince, vous retiendront à Londres plus que vous ne projetiez.

» David va mieux, et le succès continue avec salle pleine. J'y vais encore ce soir [1].

» Yvan n'a pas pu faire voir au prince le beau carton humanitaire de Mme O'Connell. J'engage

---

1. On annonce aujourd'hui, 14 mai 1867, que le prix de 20.000 francs destiné à l'auteur du meilleur opéra joué depuis dix ans, va être décerné à David pour son *Herculanum*.

cette dame à l'avoir avec elle à Londres. C'est la
fameuse page de Bossuet sur la venue du Christ...
A vous. — P. ENFANTIN. »

4 août. — *Le même au même :*

« Cher ami, je ne sais pas du tout ce que vous
faites et où vous êtes pendant le temps que je mets
à emprunter nos cent millions (pour l'affaire des chemins de fer). C'est fini; et même les huit ou neuf
dixièmes sont versés par anticipation, tant on est
embarrassé pour employer son argent dans les
affaires.

» La semaine prochaine, je vais commencer des
douches à Pierrefonds, contre mon tremblement
qui embellit toujours, et contre mes engourdisse-
ments des doigts des pieds.

» Vous savez sans doute par Duveyrier que nous
avons perdu notre doyen Corréze (colonel du génie
en retraite dans le Limousin). Cette année est rude
pour notre petite armée. Isaac a envoyé quelqu'un
sur les lieux.

» Moi, j'espère bien pouvoir encore un peu chasser
cette année, *mais je serais bien surpris si ce n'é-
tait pas la dernière.*

» Cela ne m'empêche pas de voir avec grand
plaisir le monde en mal d'enfant, qui n'accouchera
certainement pas d'une souris, et qui jette pour-

tant des clameurs bien hautes. Quels soubresauts!
J'ai dit grand plaisir, j'aurai dû écrire vif intérêt;
car la chose n'est pas plaisante, malgré les lazzis de
Palmerston lancés à Cobden. Mais pourquoi celui-
ci reste-t-il si fermement sur ce froid terrain du
compte de revient, de la dépense, de l'économie?
C'est tout au plus convenable pour empêcher de
faire. Qu'il nous dise donc *à quoi* il dépenserait un
budget d'un ou deux milliards, s'il était ministre.
C'est le seul moyen d'être plus national et plus populaire que Palmerston, car celui-ci remue des
passions nationales et populaires qu'exploite l'aristocratie, de sorte qu'il a ainsi la majorité partout.
Cobden ne remue pas une seule passion; c'est de
la raison, cela ne suffit pas en politique, ni ailleurs,
pour enfanter. — A vous. — P. Enfantin. »

18 septembre. — *Le même au même :*

« Cher ami, Nugues (aide de camp du général
Montebello) revient de Rome avec femme et enfant, de sorte qu'il faut en conclure que les instructions sont plus conformes aux idées de la Guéron-
nière qu'à celles de Guéroult.

» On parle toujours ici de modifications ministé-
rielles. Thouvenel, dit-on, n'y tient plus. On le rem-
place par N..., ce serait le comble. Fould repren-
drait le ministère d'État. Tout cela me semble

cancan. — Je n'entends rien dire de l'instruction
publique, qui n'est d'ailleurs possible pour M... que
si on remet les cultes à la justice.

» Duveyrier vieillit sans doute comme nous
tous (sans vous offenser), mais il n'est pas encore
aussi vieux que nous avec nos soixante-cinq et
soixante-six ans passés, il va et vient, il parle,
il écrit, il boit et mange sobrement, comme
un homme, mais moi, je me sens approcher de
l'hivernage des marmottes. — A vous, ami.

» P. ENFANTIN. »

Ainsi Enfantin semblait se complaire à exprimer
le sentiment vif et profond qu'il avait des charges
croissantes de l'âge, mais ce sentiment ne lui enle-
vait rien de son calme philosophique et de sa résolution religieuse, et l'aggravation des signes physiques de la sénilité ne le disposait nullement aux
timides précautions et aux sacrifices que la peur de
la mort impose à la vieillesse. Conseillé sur ce
point par quelques amis qui craignaient, à bon droit,
de le perdre trop tôt, il répondit à l'un deux,
Arlès, le 25 septembre 1862 :

« Sans chercher beaucoup, je trouverais facile-
ment deux privations à imposer à vous et au bon
Yvan, favorables en apparence à vos santés respectives, mais qui seraient probablement funestes, vu

l'habitude que vous en avez et l'âge dont vous jouissez.

» Restons tels que nous sommes tant que nous pourrons; vous pouvez être sûr que nous ne pouvons plus que nous détériorer. C'est beaucoup si nous pouvons encore un peu aider les jeunes à s'améliorer. Quant à nous, prenons-en notre parti, nous sommes nègres et non blanchissables.

» Nous aurons jeudi, au château d'Isaac, un dîner avec Michel, Duveyrier, Lambert et Fournel. Je pense qu'il s'y dira quelques bonnes choses. — A vous, vieux ! — P. Enfantin. »

Une indisposition empêcha Enfantin de se rendre à ce dîner. — « Cela est peut-être providentiel, écrivit-il le 2 octobre à Arlès; mais cela ne me fait que plus désirer de vous voir pour causer de choses capitales dont nous devions parler chez Isaac; il s'agit d'un 18 brumaire ou 2 décembre pacifique, amical, dans le saint-simonisme, sorte de testament et d'héritage entre-vifs, avec garanties positives de fonction.

» Vous qui êtes sage, modéré, tempéré, et qui *pourriez*, hélas! si vous vouliez, vous êtes naturellement du sénat qui conseille; vous êtes cardinal et voilà pourquoi votre absence concorde avec l'indisposition qui m'empêche d'aller à Armainvilliers. Venez donc causer sur nos chaises curules, avant conclave. Rome est assez malade pour qu'on songe à la succession. — C'est quasi l'empire ottoman. — A quand? — P. Enfantin. »

Arlès ne put pas, à cette époque, venir à Paris, mais il vit Enfantin pendant quelques jours à Lyon, à l'occasion du mariage de la fille d'Holstein auquel le maître voulut donner aussi sa consécration par sa présence. Pendant son court séjour à Lyon, Enfantin fit part à Arlès de son projet d'établissement du crédit intellectuel. Cet idée fut accueillie avec enthousiasme par toutes les personnes à qui elle fut communiquée. Malheureusement, les amis à qui elle fut particulièrement adressée, sous forme de lettre, ne l'apprécièrent pas suffisamment. Voici ce qu'en disait Enfantin, rentré à Paris, dans la suite de sa correspondance avec Arlès, qui était du reste personnellement ravi de la nouvelle conception de l'apôtre :

« Je crains que Péreire, et surtout Michel, et même Duveyrier n'aient pas bien compris la chose. Il y a plus de mille jeunes gens par an, entrant dans les grandes écoles de droit, médecine, pharmacie, polytechnique, normale, centrale, Saint-Cyr, Châlons, marine, forestière, fermes, commerce, qui auraient besoin d'avoir 6,000 francs d'assurés,

avant de pouvoir gagner un sou. Il y a de ce seul
chef plus de 6 millions de prêts annuellement
assurés pour le crédit intellectuel. Si on y ajoute
les rachats militaires, pour soustraire à l'armée les
natures délicates, faibles, sensibles, douces, il y en
a bien mille sur cent mille hommes; ce serait encore 2 ou 3 millions de prêts annuels assurés. »

Dans cette même lettre (11 novembre 1862),
Enfantin répondait aussi au reproche qu'Arlès ne
cessait de lui adresser sur sa persistance à user du
tabac, au très-grand préjudice de la propreté et de
la santé.

« Puisque vous me piquez d'honneur, disait-il à
son vieil ami, nous allons voir maintenant à qui
vivra le plus longtemps et le mieux portant, qui
sera le plus gentil, le plus aimable, le plus sédui-
sant, en un mot qui sera la plus agréable momie
de nous deux; mais entre nous et tout bas, conve-
nons que tel vieillard dont on admire la longévité,
de Guidi, par exemple, est comme enterré au moins
depuis quinze ou vingt ans.

» Ce qu'il y a de meilleur dans votre admoni-
tion, c'est que vous pensiez que Molière n'a critiqué
que les allopathes !

» On vient d'enterrer Mercier à côté de Caussi-
dière (son beau-frère). Le même jour son fils était

reçu à l'école des mines. Le pauvre père n'a pas pu recevoir cette bonne nouvelle, avant de finir. En voilà encore un qui entrera, sous une forme quelconque, dans notre clientèle du *crédit intellectuel*. — P. ENFANTIN. »

Mais la communication de cette grande idée restait toujours sans réponse de la part des amis dont Enfantin avait espéré le concours et provoqué l'initiative. « Si vous avez compris le crédit intellectuel, disait-il à Arlès (20 novembre), je n'en dirai pas autant de Duveyrier. Il y aurait là de quoi m'inquiéter, car ordinairement c'est vous qui m'attaquez et lui qui m'approuve. Mais je suis certain que vous vous trompez tous les deux en croyant que c'est à moi de faire un effort quelconque pour la réalisation de cette idée. Je l'ai adressée à qui de droit; advienne que pourra! même à l'Empereur, ce n'est pas moi qui dois en parler; je ne suis pas invité aux chasses... — P. ENFANTIN. »

Dans une lettre du 22 décembre, le maître revenait encore à ses doléances sur le silence et le défaut de concours qu'il rencontrait chez quelques-uns de ses anciens disciples, sur lesquels il avait le plus compté pour réaliser l'une des conceptions les plus fécondes qu'il eût puisées dans sa foi saint-simonienne. Il devenait chaque jour plus évident que ce malencontreux désaccord finirait par amener une douloureuse rupture. Enfantin ne se lassait pas pourtant, dans son infatigable prosélytisme, et il espérait toujours que les admirateurs de son plan de crédit à l'intelligence parviendraient à faire mieux apprécier son idée, par ceux de leurs amis qui l'avaient tout d'abord froidement accueillie.

LV

(1863)

Toujours plein de cette vaste et puissante pensée, Enfantin commence ainsi sa correspondance de la nouvelle année, avec Arlès :

« Cher ami, vous ne m'avez pas dit si, durant votre court séjour ici, vous aviez dit, avec Isaac, quelques mots sur le crédit intellectuel.

» Perdonnet m'engage à être le 17 février à sa soirée, où seront les Péreire et Michel, et il ajoute : *—Nous parlerons du crédit intellectuel, idée qui a un si grand avenir.* — Je pense que vous serez à Paris ce jour-là. J'y mènerai Vinçard et Boissy.

» P. ENFANTIN. »

Arlès, toujours enthousiasmé de l'idée, persistait à croire qu'Enfantin devait prendre l'initiative et travailler activement lui-même à la fondation qu'il avait conçue ; il le prêchait chaudement dans ce sens, et ses instances amenèrent la réponse suivante :

» Cher ami, vous y tenez, mais je suis plus têtu encore que vous, c'est beaucoup dire. A chacun selon sa capacité ; j'ai *fait* la lettre à Péreire, Michel, Duveyrier, Lambert, Fournel, et ce n'est pas pour rire que je la commence par une sorte d'abdication de *vie active*. Je suis fâché que vous n'ayez pas compris ce testament. Je suis parfaitement tranquille sur le succès certain des idées contenues dans cette lettre, *pourvu que je ne me mêle pas de vouloir les réaliser*. Si vous vous sentez encore assez jeune pour le faire, soit : non-seulement je ne demande pas mieux, mais je vous en prie fort.

» Cela n'empêche pas que je ne perdrai pas mon temps à vous persécuter pour que vous fassiez *la science de l'homme*, ou *la vie éternelle*, ou *le crédit intellectuel*, ou même *le nouveau christianisme* ; ce n'est pas votre affaire.

» La division du travail morbleu ! votre rôle n'est pas si mesquin que vous ayez à vous en plaindre ; mais vous êtes avec moi comme une femme qui voudrait que son mari accouchât, ce qui n'est pas la fonction du monsieur.

» Songez donc que plus on tardera à réaliser le crédit intellectuel, plus on vous accusera TOUS d'avoir été des clampins, mais non pas moi qui vous ai appris ce que c'était et ce qu'il fallait que vous fissiez..... si nous avions laissé là les idées de Saint-Simon, en 1825, sous prétexte que nous n'avions pas le temps de les propager, nous aurions mérité les étrivières de Dieu.

» S'il y a à voir Bartholony ou autres, venez et voyez-les vous-même. — A bientôt donc !

» P. Enfantin. »

On demandait de toutes parts en communication l'épître apostolique, destinée d'une manière plus particulière aux disciples nominativement désignés dans cette lettre, et lue en réunion intime de la famille saint-simonienne. Cédant à un désir universellement exprimé, Enfantin fit autographier, à un petit nombre d'exemplaires, cette expression dernière et suprême de sa sollicitude sociale et religieuse.

Voici cet écrit, dont l'idée, selon le mot de M. Perdonnet, a un grand avenir :

A MM. *****.

« Mes chers Amis,

» Le dogme a été assez longtemps éclipsé.

» Nous avons fondé le *Crédit industriel*.

» Il nous reste, comme disait Olinde, à montrer la valeur morale de l'*argent*, c'est-à-dire à fonder avec *lui* le Crédit *intellectuel*.

» Ma tâche active est finie ; la vôtre est en pleine maturité et vigueur.

» Je passe au conseil, au sénat, au conclave.

» Vous qui avez conquis le pouvoir temporel que perd l'Église, prenez le pouvoir spirituel qu'elle ignore.

» Faites pour la science plus encore que nous n'avons fait pour l'industrie.

» Nous avons enlacé le globe de nos réseaux, de fer, d'argent, d'or, de vapeur et d'électricité.

» Répandez, propagez par ces nouvelles voies dont vous êtes en partie les créateurs et les maîtres, l'esprit de Dieu, l'*éducation du genre humain*.

» J'ai dépassé l'âge qu'avait Saint-Simon en mourant, et nous avons fait sans lui de grandes choses.

» Continuez notre œuvre, moi vivant encore, comme j'ai continué celle de notre grand mort.

» Je suis à côté de vous, avec vous ; mon corps faiblit, ma barbe est longue et blanche, ma main tremble, mais l'esprit n'est pas obscurci et le cœur est toujours ferme.

» Je ne vous précéderai plus, mais je vous suivrai. »

« Mes chers Amis,

» Nous avons su organiser des sociétés libres à côté des corporations officielles, au moyen desquelles nous avons fait accomplir à l'humanité, en trente années, un immense progrès *matériel.*

» Formez de nouvelles sociétés libres, à côté des corporations officielles de l'*intelligence*, qui soient les analogues des compagnies de chemin de fer et des sociétés de crédit.

» Il s'agit aujourd'hui d'un chemin de Saint-Germain et aussi d'un crédit mobilier qui révolutionneront l'allure *intellectuelle* du monde.

» Vous avez su convertir Rothschild, la Banque elle-même, le corps des ponts et chaussées et celui des mines; vous convertirez aussi l'Académie et l'Université.

» L'État et la politique sont déjà dans la voie ouverte par le *Producteur;* — il faut bien que toutes les puissances spirituelles marchent dans celle que la rue Monsigny a tracée.

» Le chemin de Saint-Germain, c'est l'Encyclopédie; le crédit mobilier *intellectuel* en sortira : il y est en germe, et vous le savez d'avance.

» Ce n'est plus une œuvre de jeunesse, de fougue, d'aventure que vous avez à faire ; c'est une œuvre de maturité, d'expérience, pour laquelle l'autorité personnelle que vous avez déjà conquise est l'arme principale du succès.

» Autrefois vous avez cherché hors de vous la force, le nerf de l'industrie, l'argent ; vous n'aviez en vous que l'intelligence ; aujourd'hui vous avez en main les deux glaives : servez-vous-en pour le grand combat de l'*esprit*.

» Formez donc pour l'Encyclopédie une société libre, sous la forme légale, avec ses conditions financières, d'administration, de direction, d'association, car c'est une société matérielle, quoiqu'elle ait un but spécialement intellectuel.

» Ce but n'est pas seulement, ni principalement, de produire et de vendre une œuvre de librairie ; ce but c'est de tracer le réseau des voies par lesquelles l'esprit humain marche vers Dieu.

» Le moyen de l'atteindre, c'est d'y faire concourir les plus habiles ingénieurs de l'intelligence humaine.

» Michel a bien tracé ce réseau pour les chemins de fer ; Émile et Isaac ont bien décrit celui du crédit financier, et leurs plans se réalisent avec une rapidité merveilleuse : reprenez la voie de Saint-Si-

mon, à l'époque où il parcourait en maître le champ
de l'*intelligence*.

» Il demandait alors aux gouvernements, aux académies, aux corps constitués et officiels de la science,
ce que la société libre, ce que seuls vous pouvez faire,
c'est-à-dire : provoquer, encourager, diriger les *esprits*, dans cette conversion suprême vers le vrai
Dieu que Saint-Simon annonçait : telle est, en effet,
votre œuvre actuelle.

» En 1830, il existait bien déjà quelques sociétés industrielles en commandite, ou même anony-
mes, mais la création des compagnies de chemins
de fer a donné aux sociétés industrielles une ampleur et une puissance incomparables.

» Il existe aujourd'hui des sociétés libres de science,
d'art, d'enseignement, des congrès scientifiques, des
associations même pour le progrès des sciences sociales ; eh bien ! toutes ces sociétés sont aussi pauvres, faibles, mesquines que l'étaient les sociétés industrielles, avant la création de la compagnie de
Saint-Germain.

» A vous donc de leur donner, par votre exemple, l'ampleur et la puissance que réclament les progrès de l'éducation du peuple.

» L'Encyclopédie doit être un atelier scientifique modèle, comme le fut ce petit atelier d'un

chemin de fer de 20 kilomètres, à la porte de Paris, sous les yeux des bourgeois.

» Dès que ceux-ci, les bourgeois de Paris, eurent vu et touché, le réseau entier des chemins de fer fut assuré pour toute la terre.

» Peut-être pensez-vous que je veux examiner si l'Encyclopédie ne pourrait pas être utilement reliée à un institut d'éducation, par exemple au projet d'éducation internationale, bien entendu si ce projet tend à se réaliser librement, en dehors de l'intervention des gouvernements. Non : il y a mieux que cela à faire.

» Reynaud, quasi ministre, a voulu faire une école officielle d'administration : c'était mettre la charrue avant les bœufs. Ou bien il aurait fallu que tous les gouvernants d'alors fussent saint-simoniens.

» L'école officielle ne peut être que ce qu'est le gouvernement : une société libre devra être ce que vous êtes.

» Dieu me garde de prétendre préciser la forme, les moyens, les résultats de votre institution encyclopédique; tout cela doit être votre création propre, votre œuvre ! Mais laissez-moi en exagérer la grandeur, afin de la doter de toute la puissance inspiratrice que j'en espère.

» Je crois que les Péreire ne doivent pas faire seuls les frais ou le capital de l'Encyclopédie. C'est une vraie *société* qu'il faut, sous peine de perdre les avantages du patronage collectif et de tomber dans la forme Mécène.

» Je crois qu'ils sont en position d'appeler à cette œuvre, avec Michel, Arlès et autres amis, le concours de l'immense clientèle de confiance que leur situation actuelle leur assure.

» D'ailleurs il ne s'agit pas, selon moi, de 3, 4, ou 500,000 francs. — On ne ferait avec cela que quarante volumes, et il s'agit d'autre chose que de livres.

» Nous avons mangé un million en un an à la rue Monsigny ; nous y faisions des volumes, mais nous y faisions surtout des hommes.

» C'est sur une bien autre échelle qu'il faut et qu'on peut enfanter des hommes aujourd'hui.

» Songez que nous étions en 1830 des malheureux, des enfants sans patrimoine, des citoyens sans autorité, sans nom, sans clientèle, venant régenter un monde qui pouvait et devait même nous considérer comme des fous.

» Qui donc croirait aujourd'hui que MM. Péreire feraient une folie en instituant le *crédit à l'intelligence*, dans des limites, des proportions et conditions auxquelles il leur est facile de donner les caractères évidents d'affaires certaines et fructueuses ?

» Il ne s'agit pas même du crédit à l'intelligence industrielle et commerciale, non : mais quels sont donc les lauréats de nos grandes écoles, les grands découvreurs de la science, les maîtres de l'art, les illustrations des lettres, qui n'ont pas eu besoin d'un patronage et d'un concours ami, et qui aient fait faillite autrement que par la mort à la peine?

» C'est là le risque; on peut le courir, sans être fou, ni même bien brave.

» Comment! on trouverait fou que la sortie de l'École polytechnique ou de l'École normale, dans les dix premiers rangs, assurât un titre au crédit d'un établissement financier! Ce qui est fou, c'est que cela ne soit pas, et que de pareils agents du progrès soient souvent obligés de solliciter la charité publique ou privée pour commencer leur noble carrière.

» Le gouvernement a fondé l'institution du prêt de l'enfance au travail, pourquoi ne fonderions-nous pas le prêt de l'intelligence à l'intelligence ? — Thénard a organisé des caisses de secours contre la maladie des savants et de retraite pour leur vieillesse ; c'est bien, mais ce n'est pas cela ;

car il ne s'agit point du passé mais de l'avenir ;
ce n'est pas un médicament contre la mort, c'est
une transfusion de sang, c'est de la vie dans la
vie.

» L'Université, les académies, l'État décernent
des prix, des grades, des médailles, des croix; c'est
encore bien, mais c'est presque uniquement hono-
rifique, à moins que cela ne mène à l'obtention de
quelque fonction publique; aussi notre jeunesse est-
elle envahie par l'ambition de la fonction publique.
Facilitons, au contraire, à la société libre le moyen
de conserver dans son sein une part plus notable
des forts de l'intelligence.

» L'Encyclopédie peut être l'occasion de fonder
une pareille institution, parce qu'elle a intérêt à
recruter sa clientèle parmi les forts ouvriers de
l'atelier scientifique.

» Les concours aux questions proposées par les
académies donnent droit à des récompenses qui
sont en rapport avec la faible importance de ces
questions mêmes. — Un sculpteur, un peintre, un
architecte, passent, il est vrai, gratuitement quatre
ou cinq ans à Rome ; mais comment en sortent-ils,
les malheureux ? Comment élèvent-ils leur atelier,
au retour ? En mendiant une commande, ou en
prostituant leur génie.

» Et les musiciens? même après le Désert, David n'avait pas le crédit d'un cordonnier.

» Pour les lettres, 500 fr., 1,000 fr., 1,500 fr. une fois donnés au lauréat, l'Académie est quitte, et le poëte ne trouve pas même un éditeur pour son œuvre : il est vrai que la plupart du temps cette œuvre est misérable; car qui peut faire une grande œuvre sur de pareils sujets et en vue d'une telle récompense?

» Qu'il y a loin de là aux millions que Saint-Simon et Fourier rêvaient pour encourager et récompenser les grands bienfaiteurs de l'intelligence humaine !

» Aujourd'hui, grâce à nous, les ingénieurs que l'industrie libre enlève à l'État, sont rétribués quatre fois, dix fois plus qu'ils ne l'étaient par le budget. — Il en sera de même pour les constructeurs du réseau intellectuel.

» Vous n'êtes plus, comme en 1830, de pauvres soldats de Dieu, vous êtes ses généraux, ses maréchaux et millionnaires !

» C'est beaucoup sans doute pour les savants que vous voulez recruter, d'être assurés que leurs travaux seront aussi bien et mieux rétribués que partout ailleurs ; ce n'est pas assez, il faut, en outre, que selon le mérite de leurs travaux, ils soient *intéressés* gratuitement par la société à l'œuvre commune. »

» Il faut qu'ils soient actionnaires fondateurs, à proportion de leur apport intellectuel.

» Et ne dites pas que ceci est impossible à faire admettre dans les statuts d'une société anonyme. Rien ne saurait empêcher de décider que la moitié du capital souscrit et *versé* reste en réserve, sous la forme d'actions libérées, *à la disposition du conseil d'administration*, pour être attribuée à tous services rendus à l'œuvre commune, dans la proportion que le conseil jugera convenable.

» Est-ce qu'on nous gêne dans nos chemins de fer pour rétribuer largement nos ingénieurs et nos entrepreneurs avec l'argent de nos actionnaires?

» Demandez-vous quelles seront les sources des bénéfices sociaux ? Pourquoi pas d'abord l'Encyclopédie elle-même? Si elle n'a pas une immense publicité, c'est qu'elle sera mal faite et par d'autres que ceux qui doivent l'exécuter. Alors ne l'entreprenons pas.

» Mais je vous répète qu'elle est un nouveau chemin de Saint-Germain. Combien de lignes du réseau *intellectuel* viendront se greffer sur elle et lui payer loyer de sa gare ! — Je vous répète que vous faites aussi un crédit mobilier *intellec-*

tuel ; ne voyez-vous pas ce qu'il puisera dans ses succursales et dans sa clientèle ?

» Le journalisme tout entier y passera, et tout autrement que dans les mains de Mirès. La librairie et l'imprimerie s'y transfigureront, car ce ne sont encore que des chemins vicinaux intellectuels. Les écoles libres de filles et de garçons y viendront combler leurs ornières, et les corps officiels de la science eux-mêmes se modifieront à leur contact, comme l'ont fait, au contact des chemins de fer, les ponts et chaussées et les mines.

» Quoi! la société de l'Encyclopédie aurait un aussi grand avenir ? Oui, sans doute, mais il faut donner à cet institut une base large et solide ; ce ne sont pas quelques centaines de mille francs qu'il faut jeter dans ses fondations comme pour créer un journal. Il faut que l'Institut encyclopédique soit une société financière, une association, une œuvre collective et non individuelle, avec actionnaires, conseil d'administration, directions et agents salariés par la masse, non par un monsieur, quelque Rothschild qu'il soit.

» Nul n'a autant d'esprit ni d'argent que tout le monde.

» Le titre de l'établissement est :

INSTITUT ENCYCLOPÉDIQUE.

*Société de crédit intellectuel ou de crédit
des professions libérales.*

» Que les deux titres soient réunis ou séparés,
qu'il y ait une seule ou deux sociétés, pourvu
qu'elles soient conçues dans un même esprit et dirigées dans un même but : l'une est le complément
indispensable de l'autre; car la plus importante
affaire de la seconde serait de constituer le capital
de la première.

» L'Encyclopédie n'est pas une Bible, mais c'est
le grand livre de l'esprit humain, présentant les
comptes ouverts et l'inventaire des connaissances
au xixe siècle. Quelle est l'œuvre qui mériterait
davantage le patronage et la confiance de la société du crédit intellectuel ?

» Si les deux sociétés sont réunies en une seule, le
but de celle-ci n'est pas plus complexe que ne l'est
le but d'une compagnie de chemin de fer, car la
rédaction de l'Encyclopédie, c'est la construction
du chemin, et le prêt intellectuel, c'est l'exploitation de cette grande route établie pour rapprocher
les esprits, pour réunir les producteurs et les con-
sommateurs de la science.

» Je reviens maintenant, et je m'arrête plus
spécialement sur le crédit intellectuel.

» J'ai déjà cité de nombreux exemples de l'in-
curie marâtre de la société actuelle, à l'égard
d'une foule de ses enfants doués d'intelligence et
abandonnés par elle, alors qu'ils auraient le plus
besoin de sa pourvoyance maternelle.

» Je sais qu'on peut mettre en regard de cet
abandon le concours généreux de l'État, soit en
commandes d'objets d'art, soit en subventions pour
publications d'œuvres de science. Mais d'où vient
que les artistes et les savants, ainsi aidés par
l'État, ne trouvent pas même crédit pour escompter ces engagements de l'État à leur égard, engagements qui ne sont, il est vrai, exigibles qu'à
certaines échéances que le créancier affamé ne
saurait attendre !

» Combien d'auteurs ne peuvent négocier qu'à
intérêts usuraires les billets de leurs libraires et
même les recettes assurées d'une pièce de théâtre à
grand succès !

» Combien d'inventeurs ne trouveraient pas un
sou sur nantissement d'un brevet qui leur a coûté
de lourds sacrifices ?

» Et parmi les hommes et surtout les femmes que
leur instruction et souvent leur misère poussent au

rude métier de l'éducation de la jeunesse, combien sont réduits, malgré les meilleurs examens de capacité constatée, à commencer leur carrière par le plus bas échelon, faute de quelques ressources et surtout d'un patronage qui leur permettraient de se faire apprécier et connaître !

» Et Saint-Simon n'a-t-il pas légué à la postérité et surtout à nous ce cri terrible : — depuis quinze jours je mange du pain et je bois de l'eau !

» Les noms des ouvriers de la science et de l'art ne sont pas encore inscrits sur les livres de la Banque et des banquiers; le crédit n'existe pas pour eux; c'est à vous de le leur donner.

» Quand vous aurez fait cette œuvre, non-seulement on ne verra plus de Gilbert, et tant d'autres poëtes ou savants à l'hôpital, mais l'esprit humain n'aura plus à rougir des scandaleuses faillites d'hommes de génie. Le crédit moralise.

» Direz-vous que le crédit intellectuel est bien chanceux? J'affirme que non : prenez les mêmes précautions que pour le crédit personnel des banques d'Écosse : deux témoins de la même profession, ou même un garant, et ajoutez comme complément moralisateur *une police d'assurance sur la vie* : je vous réponds que cela vaudra au moins les deux signatures qui suffisent à tous les banquiers de l'industrie. — Savants, poëtes, littérateurs, artistes, voilà une nombreuse et noble clientèle; car c'est elle qui cultive, embellit et enrichit le monde de l'esprit, c'est elle qui doit avoir son tour aujourd'hui, après les miracles matériels que vient de réaliser l'industrie. C'est elle que vous devez élever au moins au niveau où vous avez placé depuis trente ans la matière, car vous ne voulez pas qu'on vous accuse d'avoir adoré le veau d'or.

» Avant 1830, sous l'influence d'Olinde et de moi, M. Laffitte n'avait pu que rêver la création d'une société commanditaire de l'industrie. — Mais après 1830, sous votre influence, la Banque tout entière a voulu *commanditer l'industrie.*

» Voyez ce qu'est devenu depuis lors ce *petit* ministère, qui, sous la Restauration, n'était même qu'une direction générale; voyez comme se sont accrus son budget, son personnel, ses attributions, son importance politique et sociale.

» Eh bien, soyez certains que le ministère de l'instruction publique ne sera qu'un petit ministère, que son budget restera mesquin, insuffisant, que son personnel ne pourra pas même lutter contre les ignorantins et les jésuites, que son importance politique et sociale sera nulle, tant que la société n'aura pas montré qu'elle prétend, sous tous les rapports, *faire une excellente affaire en commanditant la science*, en développant et propageant la culture intellectuelle, en dotant notre peuple hercule de la sagesse de Minerve et du génie d'Apollon.

» Que Mercure, messager des dieux, vienne en aide à M. Roulland! Qu'il l'élève au moins au rang où s'est placé M. Rouher! Qu'il rétablisse l'égalité entre la science et l'industrie ; car c'est la base de la morale, de la politique et de la religion nouvelles.

» Les temps sont mûrs, puisque la vieille morale, la vieille politique, la vieille religion, se meurent à Rome, et puisque naissent de toutes parts des moyens nouveaux et puissants de remuer, d'éveiller et d'élever les esprits.

» Pourquoi ces congrès scientifiques, et même ces conciles des sciences sociales, dont Michel a présidé le plus important? Pourquoi ces aspirations universelles vers l'extension de l'enseignement primaire, même obligatoire, et de l'instruction professionnelle? Pourquoi nos chemins de fer sont-ils sollicités sans cesse par des corporations libres de savants et d'artistes qui tracent leur sillon dans toutes les contrées de la France? Pourquoi même ces convois gratuits d'ouvriers au merveilleux et éducateur spectacle des expositions universelles? Pourquoi, enfin, cette prodigieuse puissance de la presse qui n'attend qu'un catéchisme pour transfigurer le monde?

» *Allez et enseignez!* Vous êtes armés mille fois mieux que ne l'étaient les Apôtres chrétiens avec leur don des langues et leur misère, car vous possédez la langue maîtresse universelle, et la richesse; vous avez fait vos preuves dans le vieux monde autrement qu'en tissant des tentes comme saint Paul, vous êtes presque Apôtres comme Constantin.

» Je viens de parler de la prodigieuse puissance de propagande qui réside dans la presse, et j'ai dit plus haut que le journalisme tout entier passerait nécessairement dans la clientèle de l'Encyclopédie : en effet, si cela ne devait pas être, l'Encyclopédie serait impossible, elle n'aurait pas de publicité, car elle n'en aurait pas une suffisante en se bornant à des annonces et réclames coûteuses et inefficaces.

» Les journaux annoncent et font des réclames pour des chemins de fer, pour des entreprises industrielles, et cela suffit; pourquoi? Parce qu'il ne s'agit pas d'un sujet de l'ordre intellectuel, scientifique, littéraire, artistique, ni même d'un sujet moral, philosophique, social et politique.

» Sur tous ces derniers sujets, au contraire, les

journaux ont la prétention d'être des maîtres compétents ; les journalistes se croient littérateurs, artistes, savants, moralistes, philosophes et politiques;
ils ne sont pas constructeurs, fabricants, négociants,
en un mot, industriels de profession.

» Si l'Encyclopédie n'était pas vigoureusement attaquée et surtout défendue par eux, elle avorterait,
quand bien même elle paraîtrait jusqu'à son qua-
rantième volume. — Elle aurait le sort de notre ancien globe.

» Cette observation me conduit à dire quelques
mots sur deux points importants de la publication :
1° l'ordre dans lequel paraîtront les matières;
2° la double forme (bourgeoise et populaire) qu'il
faut nécessairement donner à la publication.

» Pour l'ordre, ne commencez pas la publication, par la philosophie, la métaphysique, la logique, l'ontologie, quand bien même, plus tard, ces
volumes seraient les premiers tomes de l'ouvrage
entier.

» Commencez par l'économie sociale, la politique, l'histoire, l'art, alternant avec la chimie, la
physique, l'agriculture, l'hygiène, en un mot
commencez par ce qui peut être accessible à tous
ou du moins au plus grand nombre.

» L'astronomie et les mathématiques ne pressent pas beaucoup plus que la philosophie et la métaphysique.

» Quant à la double forme, que je nomme bourgeoise et populaire, c'est-à-dire pour les hommes spéciaux ou pour la généralité des hommes, je crois que tout volume doit être accompagné d'un résumé en quelques feuilles, faisant livraison à part, pouvant être vendue isolément. — Toutes ces livraisons réunies formeraient le résumé populaire de l'Encyclopédie, et ce serait la partie capitale de l'ouvrage.

» Ce serait en quelque sorte le guide-âne au moyen duquel le journalisme propagera votre œuvre, il y puisera ses articles d'attaque et de défense.

» Enfin, quarante livraisons à 50 cent. conviennent à la bourse de tout le monde, et sont la meilleure annonce et la plus puissante réclame.

» Mais tout ceci ne dit pas comment le journalisme deviendra votre puissant agent de propagande. Ici je crains d'avoir l'air de vouloir enseigner à mes maîtres une chose qu'ils savent mieux que moi, car je n'ai jamais su faire parler la presse de mes œuvres ; — il est vrai que je n'ai rien fait pour cela, et que mes œuvres n'étaient pas de nature à émouvoir les journaux ni le public ?

Suffit-il de l'heureux et fécond scandale que produira sur les vétérans du Sénat et de l'Académie, ou sur les satisfaits de la finance et de la banque, le retour de jeunesse, de dévouement et de folie du sénateur académicien et de deux des plus gros millionnaires de ce temps? Ce scandale est bon, inévitable et nécessaire, mais il ne suffit pas; il faut un acte qui en constate la portée et le but. Certes, il ne s'agit pas, comme en 1830, de donner des démissions ainsi que l'ont fait Hoart, Bruneau, Lambert, Tourneux. Nous ne nous séparons plus du monde, au contraire, nous nous fusionnons plus que jamais avec lui.

» Il faut donc un acte d'association avec lui, qui prouve que ceci n'est pas seulement la fantaisie de quelques rêveurs isolés, qui jettent sous la presse l'argent et la position qu'ils ont gagnés, pour avoir le plaisir d'imprimer et publier leurs rêves.

» Il faut être légion.

» Pouvez-vous être légion pour l'Encyclopédie seulement? Je ne le crois pas; vous serez tout au plus coterie.

» Voilà pourquoi je pense qu'il faut fonder en même temps, soit avec l'Encyclopédie, soit à côté d'elle, une institution de finance intellectuelle, dont l'examen et la discussion des statuts forceront

les pouvoirs publics et les organes de l'opinion
publique, et tous les hommes qui doivent former
corps avec vous et constituer cette légion, à comprendre ce que vous voulez faire et le but humanitaire que vous vous proposez.

» Cet examen et cette discussion préalables me
paraissent nécessaires, non-seulement pour que
l'Encyclopédie soit bien accueillie et qu'elle ait
une grande publicité, mais simplement pour qu'elle
soit bien faite.

» Si MM. Péclet, Olivier, Perdonnet, etc.,
avaient voulu faire une Encyclopédie des sciences
mathématiques et physiques, certes, ils auraient
été très-bien inspirés de fonder en même temps
leur École centrale des Arts et manufactures. Monge,
Fourcroy, Berthollet ayant la même prétention
encyclopédique, auraient parfaitement fait de créer
en même temps leur École polytechnique. Ce sont
là des actes et non des paroles, des faits accomplis
et non des promesses ; cela saute aux yeux de tout
le monde, et donne une idée nette de la valeur
pratique de tels théoriciens.

» Je ne crois pas que vous ayez une école à fonder, mais une banque, une institution de crédit en
harmonie avec votre prétention encyclopédique,
cela me paraît indubitable.

» C'est le *Crédit intellectuel ;* à la vérité, ce n'est pas petite affaire.

» J'y mettrais beaucoup de journalistes, bien entendu les plus importants, les plus connus, ceux dont le mérite est incontesté ; ils y joueraient le rôle des académiciens dans l'Encyclopédie, et puiseraient là, bien vite, plus d'influence que n'en a la Société des gens de lettres, qui en a une pourtant assez utile. Ils constitueraient fort bien la majorité du Comité *d'escompte* de cette banque de l'intelligence, comme les académiciens la majorité du Comité de *rédaction* de l'Encyclopédie.

» Remarquez que parmi les journalistes il y en a de toutes les professions intellectuelles, comme à la Banque et au Comptoir d'escompte les comités sont recrutés dans toutes les professions industrielles.

» Dira-t-on qu'il y aura du favoritisme, du népotisme, des rivalités? N'y en a-t-il pas toujours eu à la Banque, au Comptoir et partout? C'est l'affaire du directeur, des administrateurs, des censeurs.

» Le crédit intellectuel devrait avoir pour annexes :

» 1° Le dock de la librairie;

» 2° Un musée d'exposition et de ventes permanentes d'œuvres d'art;

» 3° Une salle d'audition d'œuvres littéraires, scientifiques, dramatiques, lyriques, inédites.

» Tout cela sans doute peut paraître bizarre, inouï; mais il fut un temps, très-proche du nôtre, où un chemin de fer était chose bizarre et inouïe.

» Toute la question est donc : Y a-t-il là de l'argent à gagner?

» Oui, je le répète, si le miracle est exécuté par vous qui savez où tout cela mène, et qui voulez être pour la science ce que vous avez été pour l'industrie.

» Qui donc croyait que les concerts populaires seraient une excellente affaire? Elle était mûre. Le peuple voulait ce dont les aristocrates du Conservatoire jouissaient seuls : eh bien, la modeste science veut ce dont la glorieuse industrie jouit seule, le crédit !

» Et Chevé qui n'a pas trouvé un sou de crédit! Et tant de compositeurs qui ne peuvent pas même entendre leur musique ! tant de vrais maîtres qui ne peuvent pas faire voir comment ils enseignent ! tant de savants qui éteignent forcément sous le boisseau le flambeau avec lequel ils éclaireraient le monde ! tant de talents qui s'étiolent ou même s'avilissent par la misère ! tant de vocations faussées par les faveurs ou les dédains iniques de l'aveugle fortune !

» Soyez les yeux du capital afin qu'il sache où il doit se répandre pour féconder l'intelligence ; vous lui avez bien enseigné où il devait aller pour féconder l'industrie.

» Toutes les institutions libres d'instruction publique doivent forcément et successivement entrer dans votre clientèle pour leurs besoins financiers ; tous les officiers de l'Université, les avocats, les médecins, les savants, les artistes, les théâtres ne peuvent avoir d'autres banquiers que vous ; ils n'ont aujourd'hui que des prêteurs à la petite semaine.

» Sans doute des éditeurs habiles achètent d'avance et à bas prix les œuvres de Victor Hugo, de George Sand ; ils achètent la propriété de l'édition ou des éditions, mais ils ne prêtent pas, ils *n'avancent* point ; si bien que Hugo, dit-on, a gardé en portefeuille pendant dix ans les *Misérables*, parce qu'il avait vendu, il y a trente ans, à Gosselin, toutes les œuvres qu'il ferait dans ce laps de temps à raison de 3,000 fr. le volume.

» Quel est l'industriel qui ne se croirait déshonoré de se procurer de l'argent à pareilles conditions ! Voici des gens qui ne peuvent pas même profiter

de la hausse de leur réputation, de leur gloire ! et
ce ne sont pas là les plus ignobles *forfaits* que
soient contraintes de subir les personnes pour lesquelles le crédit n'existe pas.

» Je vous assure que le sort des gens qui ne sont
point patentés de l'industrie, qui n'ont pas de biens
au soleil, et qui, se sentant quelque chose dans la
tête ou au cœur, ne peuvent l'en faire sortir, faute
de cet air vivifiant qui s'appelle le crédit, je vous
assure que leur sort est mille fois plus misérable
que celui du journalier en face du chômage, et
que cette maladie corromprait et pervertirait des
anges. Faites-la disparaître, vous convertirez des
démons.

» Au théâtre même, combien d'élèves, la tête
couverte des couronnes du Conservatoire, se perdent en montant sur la scène, parce que personne
n'a patroné leurs succès, de manière à escompter
avec confiance leur avenir. Telle a dans sa voix
un revenu futur de 30, 50, 100,000 francs, qui
commence par n'être pas assez payée pour pouvoir
acheter une robe.

» Croyez bien qu'en signalant cet exemple je ne
me fais pas illusion sur les difficultés, les impossi-
bilités que rencontrerait le désir de guérir de pareilles plaies. Je ne présente ce fait et plusieurs

autres que j'ai déjà indiqués, que comme des signes d'une situation générale à laquelle il faut apporter un remède. La Banque de France et tous les établissements de crédit industriel n'ont pas la prétention de guérir toutes les infirmités de l'industrie; de même, il ne s'agit pas de médicamenter directement toutes celles de la science et de l'art, par la fondation d'un premier hospice intellectuel.

» Ce qui est évident, c'est que le mal est assez grand et assez général, pour appeler et exiger un grand effort collectif donnant l'exemple, et que cet effort ne peut être fait que par nous, par la société libre d'abord et non par l'État.

» Ce dont je voudrais que vous fussiez convaincus, non pour vous, mais pour ceux que vous conviez à votre œuvre, c'est que ce n'est pas une charité onéreuse, un sacrifice philanthropique, une folie généreuse, mais une affaire, une véritable affaire, dont la base est aussi large et positivement solide que celle sur laquelle sont fondés les établissements de crédit industriel.

» En économie politique, il est temps que les produits *immatériels* de Storch, et je crois de Sismondi et d'auteurs anglais récents, prennent le rang qui leur est dû : ils ont une *valeur* assez grande et suffisamment constatée. Ils *s'offrent* et se *demandent* sur le marché comme des épices, et il n'y a que les fanatiques encroûtés de Dieu, pur esprit, qui feraient un crime à l'intelligence d'avoir son crédit coté à la Bourse, car il l'est déjà partout dans la coulisse, avec tous les inconvénients du mystère hypocrite et floueur.

» Quand on dit que les intérêts matériels envahissent tous les esprits, cela signifie, en effet, que l'industrie tient la science en servage, mais non que la science est rétribuée plus qu'elle ne le mérite; il n'y a qu'à voir les appointements des instituteurs primaires, inférieurs à ceux d'un graisseur de roues de wagons et de locomotives; il n'y a qu'à considérer le budget du ministère de l'instruction publique, inférieur à ce que consomment de charbon les chemins de fer.

» Toutefois il est certain que la science aspire à s'affranchir de son servage; il est certain qu'elle se révolte contre l'autocratie des favoris de Plutus, et que, sous ce rapport, elle a le peuple pour elle; il est certain que la société souffre moralement de l'inégalité du partage des fruits du travail entre le capital et le talent, entre la chair repue et l'esprit affamé.

» L'intelligence humaine n'est plus assez chrétienne pour se glorifier de ses mortifications et de sa misère ; elle est jalouse de sa glorieuse sœur, et celle-ci pourrait bien avoir à en souffrir cruellement si elle n'y prenait garde.

» Gare à une nouvelle nuit du 4 août pour notre nouvelle noblesse dorée, il ne suffirait pas alors de déposer, comme les Montmorency, sur l'autel de la patrie, les parchemins de nos banques et de nos chemins de fer, et nos droits seigneuriaux : il serait trop tard !

» Tout peut s'accomplir encore aujourd'hui sans sacrifices et avec gloire, mais hâtons-nous.

» Me suis-je trompé sur l'œuvre à faire? Je ne le crois pas, mais il en faut créer une dans ce sens, et qui soit digne de la position que vous avez conquise dans le monde, digne surtout de celle que Saint-Simon vous y a faite. — P. ENFANTIN. »

Peu de jours après la distribution de cette lettre, Enfantin écrivait à Arlès (26 février 1863) :

« J'ai appris par Lambert qu'il y avait eu grand émoi à l'Encyclopédie, quand on y a appris que j'avais fait autographier mon épître.... toutefois on avait fini par se calmer.

» J'en ai profité pour dire à Lambert que ce n'était pas la première fois que mes fils aînés m'étaient peu agréables, mais que cette fois-ci compterait certainement dans notre histoire, car je sens leur avoir adressé mon testament, et ils l'ont reçu comme..... ; il était donc tout simple que je le révoque , surtout trouvant d'autres amis qui briguaient l'héritage que les encyclopédistes laissaient de côté.

» J'ai appris que Bartholony commençait à dire que ce serait bien difficile. — C'est toujours mieux que ceux qui disent *impossible*.

» Je dîne samedi avec Barrier et ses amis phalanstériens, tous enchantés de la lettre, ainsi que Richard, qui m'en écrit d'Avignon des merveilles.

» C'est drôle que sur les cinq à qui j'écrivais, il y en ait trois qui se sont plus ou moins éloignés de moi en d'autres temps ; ce qui me vexe le plus, c'est que les deux autres, fidèles, n'y ont vu que du feu.

» A vous, cher ami. — P. Enfantin. »

Cette dissidence, si pénible pour Enfantin, allait devenir plus amère et plus poignante encore. Sa passion, commencée à la rue Monsigny, continuée à Ménilmontant, entrait dans sa dernière phase. Tandis que quelques-uns de ses aînés le méconnaissaient, d'autres amis, d'ailleurs très-dévoués, très-affectueux et très-persévérants, le harcelaient par de vives critiques, et il se contentait de leur dire :

« Heureusement pour moi, il n'est pas probable que ce soit vous qui écriviez mon histoire. »

Mais un incident survint, qui amena bientôt une lutte ouverte entre le maître et trois de ses principaux disciples. Enfantin écrivit, le 3 mars, à Arlès :

« Cher ami, voici Girardin qui parle du crédit intellectuel. La note est de Champfleury. Je ne sais quel effet cela fera sur certaines personnes, mais ma foi, il faut en prendre son parti : Allah-Kerim !

» L'article n'est pas mal fait, d'ailleurs.

» R. fait comme à l'ordinaire une foule d'objections, mais ce sont celles qui sautent aux yeux de tout le monde, et qu'il s'agit précisément de lever. Ce qui est évident, c'est qu'en effet ce n'est pas facile; mais quand on voudra bien le tenir, on trouvera le moyen. — P. ENFANTIN. »

Du 4 mars. — *Le même au même.*

« Cher ami, vous qui aimez la lutte, vous allez être content. La *Presse* publiera demain une lettre de Duveyrier. A son tour et un peu tard il rompt avec moi. Lambert me l'a apportée et se tient sur la frontière.

» Tout cela est fort ennuyeux ; j'espérais en avoir fini avec les ruptures. On m'informe que D. fait chorus, qu'il désapprouve ma lettre et qu'il dit qu'il n'y aurait pas plus répondu que ne l'ont fait ceux à qui elle était adressée.

» Vous voyez que les censeurs sont plus nombreux que nous ne le supposions.

» Par grâce, que mes amis m'épargnent un peu dans ce moment-ci; les soufflets de ces enfants sont durs à porter. — P. ENFANTIN. »

Le peu de succès de son appel à ceux qu'il avait appelés les aînés de sa famille n'avait pas découragé toutefois Enfantin, quant à l'accueil que son idée du crédit intellectuel pouvait recevoir en dehors même de ses disciples. Arlès était venu à Paris, et le maître avait profité de sa présence pour former une commission chargée d'étudier ce grand projet. Des réunions eurent lieu, et leur résultat négatif se trouve consigné dans le procès-verbal suivant :

« Le 4 février 1863, sur la convocation de M. Paulin Talabot, et dans son cabinet, au siége de la Compagnie du chemin de fer de Lyon, rue Laffitte, étaient réunis MM. Arlès-Dufour, Bartholony, Augustin Cochin, Didion, Enfantin, Natalis Rondot, Léon Say, Simons et Paulin Talabot.

» M. Bartholony exposa que la réunion avait pour objet d'examiner s'il était possible de réaliser le projet d'une Société de Crédit intellectuel, formé par M. Enfantin.

» Le projet de M. Enfantin fut développé par M. Paulin Talabot et appuyé par M. Didion.

» Les membres de la réunion furent unanimes à approuver le but du projet, et une discussion s'engagea sur les moyens d'arriver à la réalisation.

» Plusieurs idées se produisirent dans le cours de cette discussion, et l'on peut signaler, entre autres, la pensée de la formation de plusieurs Sociétés concourant au même but, savoir : 1° Sous-comptoirs de patronage et de crédit, ayant chacun son capital de garantie, institués chacun pour un groupe d'intérêts spéciaux, par exemple, pour l'École Polytechnique, l'École centrale des Arts et Manufactures, l'École de Droit, le Conservatoire de Musique, etc., ces sous-comptoirs faisant les ouvertures de crédit et donnant leur signature; 2° Société centrale d'escompte, ayant également son capital de garantie, donnant aussi sa signature, et rendant par cela négociable, si la négociation en dehors d'elle devait avoir lieu, la valeur créée pour le montant de l'avance consentie.

» Cette autre opinion fut émise que le capital de la Société devait n'être qu'un fonds de garantie, que

les avances faites pouvaient être représentées par
des obligations de la Société, portant intérêt, rem-
boursables au pair à un terme calculé d'après celui
des prêts, garanties par le capital de la Société, les
engagements des emprunteurs et les polices d'assurances sur la vie de ceux-ci, obligations données
au pair aux emprunteurs, et négociées, par ceux-
ci ou pour le compte de ceux-ci, au cours du
marché.

» Il fut résolu qu'une commission serait chargée d'étudier la question, de chercher les voies
et moyens, et d'apporter ultérieurement un
projet.

» Cette commission fut composée de MM. Bar-
tholony, Augustin Cochin, Natalis Rondot et Léon
Say. Elle fut autorisée à s'adjoindre M. Alfred de
Courcy.

» Elle tint plusieurs séances en février et en
mars 1863.

» Elle arrêta d'abord son intention sur les moyens
d'adapter au Crédit intellectuel quelques-uns des
principes ou des procédés qui règlent les diverses
formes de Sociétés de Crédit personnel établies en
Allemagne, en Angleterre et en Belgique. Elle
renonça bientôt à poursuivre ses recherches dans
cette direction ; elle étudia des combinaisons va-

riées, fondées sur l'application des idées qui avaient
été émises dans la réunion générale et dont il a été
parlé plus haut. Elle reçut sur ce sujet une note
très-développée de M. de Courcy.

» La commission était en présence de difficultés
d'exécution considérables; elle ne trouva aucun
moyen pratique de réaliser le projet de M. Enfantin,
du moins dans des conditions telles que le taux des
prêts fût modéré et que l'entreprise n'eût pas exclusivement le caractère d'une œuvre de bienfaisance. Elle décida qu'il serait fait part à ses man-
dants du résultat négatif de ses recherches et se
sépara.

» Les neuf personnes présentes à la réunion du
4 février 1864 ne furent plus réunies. »

Mais Enfantin ne voulut pas laisser sans réponse
les objections de M. de Courcy; il les réfuta victo-
rieusement dans la réplique suivante :

« Dans sa note sur le projet d'établissement
d'une Société de Crédit intellectuel, M. de Courcy
ne conçoit que l'idée du projet puisse devenir une
affaire qu'en l'assimilant au *Prêt à la grosse aventure de mer*.

» Dans cette hypothèse, il établit ainsi les conditions d'un prêt de 10,000 fr. pour dix ans :

» En dix ans, une somme de 10,000 fr. aujour-

d'hui prêtée serait devenue, avec les intérêts com-
posés à 5 0/0. . . . . Fr. 16,300

» La prime d'assurance sur la vie
sur cette somme pendant dix ans re-
présente environ.   1,700

» Je suppose que les autres chances
de non remboursement réunies soient
estimées 50 0/0, soit.   9,000

» Pour l'imprévu, pour *les frais et
commission* de gestion pendant dix
ans, ce n'est pas trop que de compter
encore.   3,000

» J'y ajouterai volontiers pour *le bénéfice*.   10,000
                                              ─────────
                    Ensemble. . . Fr. 40,000

» Le contrat serait donc nettement défini ainsi :

» La Société prête à un jeune homme,
sans intérêts, pendant dix ans. . . . . Fr. 10,000

» L'emprunteur s'engage sur l'hon-
neur à lui rembourser dans dix ans. .   40,000

» Il est facile d'arriver à la conclusion négative
que l'on désire en raisonnant ainsi ; car, dans
le cas où l'emprunteur s'acquitterait sur cette
base, la Compagnie toucherait au bout de dix

ans, outre le remboursement de son capital de
10,000 francs :

Fr.	6,300	intérêts composés à..........	5 0/0	
	8,000	pour chances diverses, soit....	8 0/0	environ.
	4,000	pour frais et commission, soit..	2 1/2	do
	10,000	pour bénéfices, soit..........	9 0/0	do
Fr.	28,300	ensemble, soit 283 0/0 des		

           10,000 fr. prêtés à....... 24 1/2 0/0
      par an à intérêts composés.

» Ce résultat monstrueux tient à la façon merveilleuse dont M. de Courcy a dressé la police de son
prêt à la grosse ; il suppose qu'outre la police d'assurance, qui a d'ailleurs une valeur dans ses mains,
la Société devait réclamer :

1o	Un intérêt *annuel* de.....	5 0/0	du capital.
2o	Un ducroire *annuel* de....	8 0/0	do
3o	Des frais *annuels* de......	2 1/2	do
4o	Un bénéfice *annuel* de....	9 0/0	do
	Ensemble......	24 1/2 0/0	

» C'est-à-dire en réalité un bénéfice *annuel* de la
somme prêtée, le tout travaillant à intérêts com-
posés pendant dix ans et produisant alors 283 0/0
du prêt.

» La Société pourra probablement ne pas se con-
tenter d'un prêt à 5 0/0, mais il est bien certain
qu'elle ne devra et ne pourra pas en faire à 25 0/0.
Il était donc parfaitement inutile d'examiner et de
chiffrer cette hypothèse.

« Malheureusement, M. de Courcy croit que
» c'est une chimère de prétendre faire à la fois une
» bonne œuvre et un bon placement en alliant la
» bienfaisance à la spéculation. »

» Il a raison et il a tort. Cela dépend de ce que
M. de Courcy entend par le mot de bienfaisance;
si ce mot signifie pour lui aumône, c'est-à-dire
charité dans son acception la plus étroite, il a raison,
car alors il faut, comme il le dit, « des donateurs
» et non des actionnaires, » et, dans ce cas même,
on peut, comme M. de Courcy, » préférer le patro-
» nage personnel à un patronage collectif. »

» Mais, grâce à Dieu, il ne s'agit pas ici d'au-
mônes, ni même de donations plus ou moins délicatement dissimulées; il s'agit d'une association
bienfaisante comme les sociétés d'assurances,
comme les sociétés de crédit, qui ont été extrêmement utiles à leurs clients et très-fructueuses pour
leurs actionnaires.

» Impossible de comprendre l'utilité et la possi-
bilité même du crédit intellectuel, si l'on croit qu'il
est destiné à faire des opérations chanceuses de
prêt à des misérables impuissants, sans avenir,
auxquels il faut prêter par cela seul qu'ils mendient
un secours, sans donner aucune garantie qu'ils mé-
ritent qu'on ait foi en eux.

» Il s'agit de prêter à des hommes voués à des professions libérales pour lesquelles il n'existe pas encore d'établissement de crédit.

» Est-ce à dire que toutes ces professions et tous les individus appartenant à chacune d'elles auront droit, sans conditions, d'être admis à ce Crédit ?

» Pas plus que tous les industriels ne sont admis au crédit de la Banque de France, ou du Comptoir d'escompte, ou du Crédit industriel.

» Chaque année, Arlès, moi, quelques amis et une Société de secours mutuels que nous avons fondée sous le nom des *Amis de la Famille*, nous affranchissons des jeunes gens de la conscription, et nous fournissons des cautionnements à des employés d'entreprises privées ou publiques ou de service de l'État. Ces prêts nous ont toujours été rendus non-seulement sans perte sur le capital, mais avec intérêts. Nous n'avons même jamais vu que les obligés et leur famille considérassent leur obligation envers nous autrement que comme la plus sacrée qu'ils puissent contracter.

» Certainement nous ne pensons pas qu'un établissement de crédit pût prêter convenablement de 1,500 à 2,500 fr. à tout conscrit désirant s'exonérer du service militaire ; mais de même que le Gouvernement exonère de ce service les grands prix et même les ecclésiastiques, il n'y aurait rien de fâcheux et de dangereux à ce qu'un établissement financier rachetât du service militaire les jeunes hommes qui, à l'âge de vingt ans, auraient déjà donné des gages positifs de dispositions fortes pour les sciences, les arts et l'industrie. Ainsi tous ceux qui gagnent leur vie, à cet âge, et sont même soutiens de leur famille, dans des professions civiles qui n'ont pas la moindre affinité avec le rôle de soldat, ceux-là sont des clients plus sûrs mille fois que l'immense majorité des signatures escomptées par les banquiers les plus sévères.

» En supposant que, parmi les jeunes gens qui veulent échapper à la conscription, il y en ait beaucoup qui ne présentent aucune garantie d'un bel avenir dans les carrières civiles, il est bien clair que rien n'obligerait la Société du Crédit intellectuel à effectuer ces libérations.

» Celles-là resteraient dans le domaine du patronage personnel que préfère M. de Courcy, parce que, en effet, elles présentent de trop gra des chances de perte; mais j'affirme qu'il en est un grand nombre qui offriraient des affaires parfaitement sûres pour le patronage collectif d'une Société de Crédit.

» Or, toute la question est là : Est-il vrai, comme le prétend M. de Courcy, que toute opération de prêt sur garantie de *valeur intellectuelle et morale bien constatée* n'est assimilable qu'au prêt à la grosse aventure, avec risque moyen de 90 0/0 (9,000 sur 10,000 prêtés), commission et frais de 30 0l0 (3,000 sur 10,000 prêtés) et bénéfices de 100 0/0 (10,000 sur 10,000 prêtés) indépendamment de l'intérêt composé à 5 0/0 et d'une police d'assurance sur la vie de 17 0/0 du prêt ?

» Je ne sais s'il existe des prêts à la grosse aventure de mer contractés à des conditions aussi lourdes, mais il est bien certain qu'il serait ridicule de prétendre faire des prêts à la grosse aventure du génie, du talent, du travail, du mérite, de l'honneur, à des conditions pareilles.

» Pourquoi voudriez-vous absolument que Fulton, que Watt, que Félicien David, après l'audition du *Désert*, eh! mon Dieu, que Molière, Corneille, Boileau, Racine allassent mendier le patronage personnel d'un souverain, d'un Mécène? Ne vaudrait-il pas mieux que la Société, mère prévoyante, protectrice naturelle du génie de ses enfants, ait institué un ou plusieurs patronages collectifs, compétents, pouvant donner l'assurance qu'il ne s'agit

pas ici de grosse aventure, ou que du moins la
valeur de la cargaison couvre largement l'a-
varie ?

» C'est vers cette forme éminemment libérale,
fraternelle, sociale, que marche l'humanité ; elle
ne veut plus que l'intelligence soit contrainte de
s'inféoder à tel ou tel homme à prix d'argent.

» Les patronages collectifs compétents dont nous
voulons parler ici seraient en quelque sorte les
sous-comptoirs naturels de la Société du Crédit
intellectuel. Or, ces sous-comptoirs, instruments
obligés, examinateurs préalables, cautions toujours
au moins morales, quelquefois garantie financière
pour la totalité ou pour partie de la dette, ces sous-
comptoirs, base de l'entreprise, M. de Courcy n'y
a pas même songé !

» M. Perdonnet en présentait un exemple dans
la Société fraternelle des anciens élèves de l'École
centrale des Arts et Manufactures. Il nous disait :
» Supposons que cette Société ait un capital de
» 100,000 fr. et qu'elle le dépose au nouvel établis-
» sement de Crédit intellectuel comme garantie jus-
» qu'à concurrence de 10 0/0 des prêts accordés
» sur la présentation et la recommandation de ce
» sous-comptoir de Crédit intellectuel.

» A cette condition, le comptoir principal ne

» consentirait-il pas à ouvrir un crédit d'un million
» aux clients présentés par ce sous-comptoir, qui
» serait garant de 10 0/0 des prêts? »

» Des sous-comptoirs de la même nature pourraient être créés avec la plus grande facilité; les
germes en existent partout dans des associations
libres ou autorisées qui groupent par affinité de spécialités, de nature de travail, de carrières semblables, d'intérêts communs, des masses innombrables d'individualités puisant de la force et un appui
collectif dans ces associations.

» P. ENFANTIN. »

Ainsi les déceptions les plus amères s'étaient
accumulées sur Enfantin, à propos de la généreuse
initiative qu'il avait prise pour affranchir le travail
intellectuel, la capacité, le mérite, le génie même,
de l'exploitation traditionnelle des vendeurs du
temple ; et ces déceptions lui étaient venues à la
fois des hommes qu'il avait jugés les plus aptes à
comprendre et à réaliser sa pensée, parmi ses disciples les plus éminents, et des gens d'affaires les
plus compétents. « Cher ami, écrivait-il à Arlès, le
5 mars, la lettre de Duveyrier n'a pas paru, et
Lambert me la rapporte avec des corrections qui
ne la rendent pas moins pénible à lire et à entendre.
Celle-ci doit paraître sans faute ce soir. — J'es-

père encore qu'il y aura quelque chose qui empê-
chera cette malheureuse publication [1].

» D'un autre côté, Blaise me rapporte que Léon
Say lui a dit qu'il était fort embarrassé, qu'il n'y
avait aucun précédent, que cela lui paraissait impossible, que M. de Courcy avait prétendu que
c'était impraticable et s'était enfui à la première
réunion.

» ET CEPENDANT ELLE TOURNE ! a dit maître
Galilée.

» Tout cela fait mal. — P. ENFANTIN. »

En dehors des routiniers, des sceptiques, des
inintelligents et des mal disposés, il y avait pourtant une adhésion persévérante dans la masse des
esprits. « Je vous remercie de votre lettre, avait
écrit M. de Girardin à Enfantin ; je me suis arrêté
surtout à la page 25. *Oui, il y a à faire, à dé-
faire et à refaire.* Si vous faites, défaites et re-
faites, et que vous ayez besoin de moi, comptez
sur moi. »

---

1. Cet espoir sembla d'abord devoir être réalisé. Enfantin
écrivit le même jour à Arlès : « Lambert me dit que Duveyrier
vient avec lui, après avoir consulté Péreire, de retirer sa lettre
à *la Presse*, et qu'il me demande quarante exemplaires de mon
épître autographiée pour la faire lire aux encyclopédistes. »

« P. ENFANTIN. »

A la même époque, Enfantin reçut les lettres suivantes :

« Cher père,

» Madame Sand, à qui j'avais communiqué votre projet de crédit scientifique et intellectuel, m'écrit :

— » La lettre de M. Enfantin renferme une très-grande idée exposée avec le vague synthétique qui lui est propre, mais qui est certainement l'aperçu d'une vaste intelligence. Passant par les mains de Péreire, cette idée peut révolutionner la société sans crise fâcheuse. Je crois qu'il faudra trente ou quarante ans pour l'appliquer utilement, et qu'en attendant qu'elle fonctionne bien, elle aura l'inconvénient des camaraderies. N'importe, quand les idées sont bonnes, il ne faut pas s'arrêter aux inconvénients du début, et je dis *amen*, si toutefois on me demande mon opinion.

» J'ai des engagements qui ne me permettent pas d'en prendre d'autres quant à présent, mais je peux toujours apporter mon aide à une entreprise aussi généreuse, si on a besoin de moi. »

— » J'ai pensé, père, que cet extrait vous serait très-agréable.

» Votre tout dévoué. MAILLARD. »

Février 1863. — *A Enfantin :*

« Monsieur,

» Je viens de lire votre belle et grande lettre aux financiers saint-simoniens, et je ne puis m'empêcher de vous exprimer bien vite toute la joie que j'ai ressentie.

» Ce projet me semble si grandiose, si fécond, que j'ai peur de ne pas le voir s'accomplir.

» C'est la fin de l'anarchie intellectuelle, c'est la rénovation de l'instruction publique, c'est le triomphe assuré de l'esprit moderne, c'est la liberté reconquise pour les penseurs.

» Vous seuls, messieurs, pouvez faire cela, et vous *devez* le faire.

» Les tronçons épars de notre école phalanstérienne se ranimeront, j'en suis sûr, pour se rallier à cette grande œuvre, qui sera l'expression supérieure de l'idée sociale.

» Recevez, monsieur, l'expression de mon bien sincère et bien profond respect. — EUGÈNE NUS. »

27 février 1863. — *Au même.*

« Mon cher monsieur,

» J'ai lu et relu votre brochure aux Péreire, j'en suis enthousiasmé.

» A la première lecture, j'ai cru avoir affaire à une utopie généreuse.

» En relisant et en annotant, je vois combien l'idée peut devenir pratique.

» La littérature qui s'est affirmée un demi-siècle, vers 1848, n'était plus avec le saint-simonisme.

» Vous avez rattaché la chaîne et elle est solide.

»…. Je sentais qu'il y avait quelque chose à tenter ; mais les écrivains et les artistes fatalement sont maladroits en spéculation, tous les intelligents étaient tournés vers les spéculations intellectuelles.

» Votre lettre est un vif rayon jeté sur cette grande question. Les hommes qui débattent depuis si longtemps la propriété intellectuelle, n'ont rien trouvé dans la discussion d'égal à votre idée.

» Vous avez mis le doigt sur la plaie, et vous avez fait mieux que de l'indiquer, vous indiquez le remède.

» Ce qui avait éloigné la nouvelle génération de l'école saint-simonienne était la tendance et les résultats purement industriels.

» Vous remettez en lumière une nouvelle face du saint-simonisme. Vous vous ralliez les écrivains, les savants, les artistes. Tant pis pour *** s'ils ne comprennent pas cet admirable cri. — Les prédictions graves de la fin de votre lettre ne sont pas vaines. — CHAMPFLEURY. »

Les chaleureuses adhésions abondèrent et elles

ne vinrent pas toutes des gens de lettres. Des financiers aussi se montrèrent ardents approbateurs. Voici l'hommage rendu à Enfantin par l'un d'eux :

« Février 1863.

» Cher monsieur Enfantin,

» Je viens de lire la lettre à vos amis qu'Arlès avait eu la bonté de me donner.

» L'idée que vous développez du crédit à l'intelligence va offrir le plus vivace intérêt à toutes ces jeunes générations qui veulent prendre place dans la grande armée des travailleurs.

» Vous avez là une noble pensée, bien digne de toutes celles qui ont rendu célèbre votre glorieuse carrière.

» L'organisation du crédit à l'intelligence cautionné par l'assurance viagère, ce serait un progrès social d'une telle importance que celui dû à la création des chemins de fer ne saurait à mon avis en soutenir la moindre comparaison.

» La tâche me semble hérissée des plus grandes difficultés : il faut que l'intelligence constatée soit escortée de la bonne conduite et du travail ; il faut aussi que la bonne conduite et le travail aident à faire naître l'intelligence : alors chaque homme tiendra sa destinée dans sa main. Voilà le droit

au travail dans sa plus large et meilleure acception.

» Mais la distribution du crédit à l'intelligence
doit être universelle, il ne faut ni choisir parmi ses
amis, ni calculer les profits qu'on pourrait s'attri-
buer par l'emploi des capacités.

» Si vous réussissez à atteindre ces résultats,
vous aurez obtenu la plus libérale mise en valeur
de l'individualité humaine, vous aurez mis fin au
régime destructeur du monopole.

» Propagez votre féconde pensée, répandez-la
partout dans les intelligences déjà arrivées au
succès, sans vous borner à compter sur une école
étroite et limitée. Votre conception est la base
d'une doctrine universelle ; les apôtres et les adeptes doivent être l'humanité tout entière.

» Je viendrai au premier jour vous demander de
perdre quelques instants avec moi pour parler de
cette grande entreprise dont je suivrai les progrès
avec un intérêt plus vif encore que je ne le fais
pour tout ce qui vous concerne. — Donon. »

Le journal officiel signala dans les meilleurs
termes la nouvelle conception d'Enfantin. Le *Moniteur* du 19 avril 1863, dans un article de
M. Paul Dalloz, portait ce jugement :

» N'a-t-on pas parlé de la fondation d'une *so-*

ciété de crédit intellectuel, appelée à soutenir les espérances, à enrichir les réalités, à capitaliser en un mot la pensée, en réunissant dans une profitable communauté d'intérêt tous les membres de la famille des lettres et des arts? Difficile mais non insurmontable entreprise dont le titre seul indique les nobles tendances de notre époque. »

Malheureusement les acclamations externes ne firent pas cesser les dissidences intimes. Une polémique affligeante attesta que le plus chéri des disciples venait d'être séparé du plus vénéré des maîtres. L'apparition du projet de crédit intellectuel eut ainsi pour effet immédiat d'éloigner Duveyrier d'Enfantin, ainsi que MM. Péreire et Michel Chevalier. Un instant, Enfantin avait espéré le contraire. Il écrivait le 14 mars à Arlès :

« Rien de nouveau encore sur la décision qu'ont dû prendre hier soir les encyclopédistes. J'aime à espérer qu'ils ont renoncé à la publicité...

» Je pense que le brave pasteur (M. Martin Paschoud) aura défendu mon œuvre et ma personne au sein du concile encyclopédique. J'aurais voulu que Sainte-Beuve, Lamé, Perdonnet, y assistassent; comme vous le dites, le pur sang est bien moins saint-simonien que bien des croisés. — Il paraît qu'en effet ma lettre, et particulièrement

le crédit intellectuel, remue beaucoup de monde.
Les phalanstériens en font une propagande formi-
dable. — P. ENFANTIN. »

Deux jours après, l'espoir d'éviter l'esclandre
était perdu.

« *Alea jacta est*, disait Enfantin à son vieil ami
de Lyon. Vous avez vu l'attaque, vous verrez
bientôt la réponse. Je commence à comprendre
pourquoi vous êtes à Lyon pendant cette crise,
c'est qu'en effet personne autre que moi ne doit y
prendre part en ce moment... C'est égal, c'est
drôle que vous ne soyez pas ici pendant la bataille.
J'espère que je vous écrirai : — Pends-toi, brave
Arlès, nous avons vaincu, tu n'y étais pas. — Je
ne crois pas que nous ayons eu d'époque plus solennelle dans notre histoire. Cette rupture vaut celle
de Bazard et de Rodrigues. Je crois que le monde
en profitera plus directement. Ce qu'il y a de drôle,
c'est qu'il est acquis maintenant que ces messieurs
attachent de l'importance à mes entretiens... —
Adieu, vieux. — P. ENFANTIN. »

Sous le coup de cette rupture, Enfantin gardait
toujours, au fond de l'âme, son affection prédominante pour Duveyrier que sa mauvaise santé
obligea alors de quitter Paris pour visiter Cannes
et Nice. « Avez-vous vu Charles au passage, écri-

vait le maître à Arlès, le 20 mars ; on dit qu'il est
à Toulon. » Et il reprochait ensuite à son vieux
camarade de trop aggraver les torts de Duveyrier
à la décharge des autres dissidents. Il n'admettait
pas non plus que, pour ménager sa santé et se procurer quelques jours de repos, il dût aller chercher, comme on le lui conseillait, des distractions en
Italie. — « C'est très-curieux, disait-il, qu'au moment où j'annonce qu'il se passe à Paris un fait
aussi important que la séparation de Bazard et
Rodrigues, on m'envoie promener à Rome !!! »

Enfantin souffrait beaucoup sans doute de cette
lutte affligeante devant le public, entre lui et ceux
de ses disciples qui avaient partagé avec lui trente
ans auparavant le double martyre de la moquerie
et de la persécution pour la foi saint-simonienne ;
mais les trente années passées sur sa tête ne lui
avaient rien fait perdre du calme et de la puissance dont il avait besoin dans l'accomplissement
de son œuvre, pour résister à la souffrance et boire
religieusement le calice jusqu'à la lie. Évidemment
l'heure des derniers reniements avait sonné pour le
maître. Il fut visité alors par une des dames qui
l'avaient accompagné à la cour d'assises, et que
nous avons appelées *les saintes femmes du nouveau
christianisme*, Mme Mathieu (Aglaé Saint-Hilaire).

« J'ai vu enfin hier, écrivait-il à Arlès (4 avril),
Mme Mathieu bien triste de tout cela, du moins
quant à Duveyrier. »

Parmi les consolations qui vinrent du dehors [1] à
Enfantin, nous ne devons pas omettre la brochure
publiée par M. de Jouvencel en faveur du crédit
intellectuel, ce qui fit dire au promoteur de cette
grande idée, méconnu par quelques-uns des siens :
« En vérité, il n'est venu au cœur d'aucun fidèle de faire la centième partie de ce qu'a fait
M. Jouvencel dont vous recevrez la brochure en
même temps que cette lettre (6 avril — à Arlès). »

M. de Jouvencel [2], à la suite de cette publication, vit plusieurs fois Enfantin qui depuis parla
souvent de lui dans sa correspondance avec Arlès.
Celui-ci, toujours inquiet sur la santé du maître,

1. Parmi les nombreuses lettres d'adhésion adressées à Enfantin, nous ferons remarquer encore celle-ci :

Paris, 29 mars 1863.

« Monsieur,

» J'ai été bien touché de l'attention que vous avez donnée à mon
modeste envoi. Les remercîments que vous m'adressez ne sont
motivés que par votre bienveillance; c'est bien le moins que
ceux qui tiennent une plume se serrent autour du penseur qui
montre une si généreuse préoccupation de leur destinée. Il paraît que plusieurs de vos fils vous renient : mais pour un qui
s'éloigne de vous, la pensée que vous venez d'émettre vous
en amènera dix mille. » — Victor MEUNIER.

(2) M. de Jouvencel fut, à cette époque, le concurrent de Guéroult et de M. Cochin aux élections de Paris.

ne se lassait pas de lui prodiguer les avertisse-
ments hygiéniques et de critiquer le régime qu'il
avait pratiqué jusque-là. — « Cher ami, lui répondit Enfantin (7 mai), comme vos lettres passe-
ront probablement à la postérité, je suis obligé
de protester encore contre l'avant-dernière qui me
ferait passer pour un vieux pochard, confit dans
l'eau-de-vie, et ayant abusé de toutes les joies du
paradis terrestre. Cette opinion sur moi serait des
plus fausses. J'ose dire au contraire que, si j'ai
abusé dans l'ordre spirituel, c'est possible, mais
non dans *le spiritueux*, et que même pour le tabac
et les cigares, j'ai pu m'en sevrer plusieurs fois durant longues années; enfin, que pour les privations
les plus rigoureuses, je me les suis imposées, comme
un brave prêtre, pendant de longues périodes,
quoique cela me fût extraordinairement pénible. »

Sans s'éloigner de Paris, Enfantin alla passer
quelques jours du mois de mai à la campagne, aux
environs de Corbeil. A son retour, il écrivit diverses
lettres à Arlès pour le dissuader de prendre part à
l'établissement d'une seconde société de crédit
mobilier. Cette partie de la correspondance d'Enfantin renferme des jugements et des portraits qui
entreront nécessairement un jour dans l'histoire
financière de notre temps.

Le mouvement électoral le ramena à la politique. Le 2 juin, il mandait à Lyon :

« Les élections de Paris sont très-significatives, mais gare aux triomphateurs, s'ils se pavanent à la chambre ! Je ne dis pas qu'ils iront à Cayenne, comme Barbé-Marbois et Barthélemy, mais certainement ils pourraient être moins intéressants que ne l'étaient ceux-ci.

» Je sors de chez l'un d'eux à qui je recommande d'être bien prudent et d'entrer de plus en plus dans la voie qui évite les révolutions. Il croit que ceci va pousser l'Empereur à la guerre pour faire diversion ; je ne le crois pas, parce que l'Empereur ne peut pas la faire seul, et que l'Angleterre n'en voudra pas...

» Dieu ! que le moment serait beau pour confondre ces bourgeois assez niais pour songer encore à détrôner quelqu'un ! c'est drôle qu'on trouve toujours des Polignac et des Guizot, et aussi des éternels O. B. ! Que ces bourgeois mériteraient bien que l'Empereur les mît à la sauce *sociale*, lui qui les a sauvés du socialisme ! — P. ENFANTIN. »

Arlès éprouvait alors une vive contrariété de la part des autorités civiles et religieuses d'Oullins qui exigeaient l'exhumation de Mme Dufour, sa belle-mère, protestante, ensevelie au cimetière

communal, dans un terrain qu'il avait acquis pour
la sépulture de sa famille. Le préfet-sénateur de
Lyon était saisi de la question. Une lettre d'Arlès,
adressée à Enfantin, fut communiquée en haut lieu.
Enfantin répondit (11 juin 1863) à son ami gravement froissé et légitimement irrité :

« Cher ami, qu'entendez-vous par la justice que
vous attendez du sénateur? qu'il vous donne un
nouveau cimetière où vous puissiez transporter le
corps de Mme Dufour? Mais c'est à peu près ce que
veut l'Église, *vous expulser*. — La justice serait
au contraire de vous conserver ce qu'on vous a
vendu.

» Au reste, voilà enfin Puebla pris ; jusqu'à présent cela éclipse l'intérêt de votre combat de sa-
cristie, nouveau lutrin que Tisseur devrait chanter...

» D'après ce que vous me dites des dispositions
du peuple de Lyon à l'égard des cléricaux, je ne
vois pas que ceux-ci soient bien à craindre. Quant
à vos bourgeois, ils prouvent une fois de plus que
l'industrialisme égoïste abrutit parfaitement là où
il domine; c'est pourquoi j'apprécie moins que
vous la perfide Albion. — Vous croyez que c'est
l'Église qui abrutit, pas du tout; c'est l'amour du
lucre, de l'épargne, du grattage de sous; l'Église
en profite, voilà tout. Et Ga... est bien plus, lui et

sa famille, le type du bourgeois lyonnais, que ne
l'est M. de Bonald avec toutes ses soutanes. Vos
couvents ne sont que les pendants de vos comptoirs;
ils se valent les uns les autres.

» P. ENFANTIN. »

Pendant l'été de 1863, Enfantin fit de fréquentes
excursions dans les environs de Paris, s'amusant
principalement à la pêche, ne renonçant pas non
plus pour l'automne prochain à la partie de chasse
qu'il disait devoir être pour lui la dernière. Sur
ces entrefaites, son fils, inspecteur principal des
chemins de fer de Lyon, ayant épousé une jeune
personne appartenant à une honorable famille du
Dauphiné, il fit, en septembre, un voyage dans
cette province, où il passa quelques jours auprès des
nouveaux mariés, très heureux des soins affectueux
dont il fut entouré par sa belle-fille. Il était rentré
à Paris depuis près d'un mois lorsque s'ouvrit la
session du Corps législatif, inaugurée par l'appel
que l'empereur Napoléon adressa à tous les gouvernements de l'Europe pour remplacer d'une manière équitable et durable les traités de 1815
tombés en lambeaux.

Le lendemain de cet appel (5 novembre 1863),
Enfantin avait réuni à dîner chez lui une vingtaine
de ses anciens disciples et amis. Le discours de

l'Empereur était dans toutes les bouches. On répétait avec enthousiasme ces paroles :

« La rivalité jalouse des grandes puissances empêchera-t-elle sans cesse les progrès de la civilisation? Entretiendrons-nous toujours de mutuelles défiances par des armements exagérés? Les ressources les plus précieuses doivent-elles indéfiniment s'épuiser dans une vaine ostentation de nos forces? — Ayons le courage de substituer à un état maladif et précaire une situation stable et régulière, dût-elle coûter des sacrifices. Réunissons-nous sans système préconçu, sans ambition exclusive, animés par la seule pensée *d'établir un ordre de chose fondé désormais sur l'intérêt bien compris des souverains et des peuples.* »

C'était là évidemment l'idée de la réorganisation européenne présentée cinquante ans auparavant à Napoléon Ier par Saint-Simon. Aussi Enfantin, entendant un des convives combattre l'adhésion à peu près générale que rencontrait le programme impérial, alla-t-il, en se levant de table, prendre à sa bibliothèque, dans les œuvres de son maître, un volume dont il vint lire à ses amis la demi-page qui renfermait ce remarquable passage :

« Il eût été souhaitable, sans doute, que le projet de réorganisation de la société européenne eût été conçu par un des souverains les plus puissants, ou du moins par un homme d'État versé dans les affaires et célèbre par ses talents en politique; ce projet, soutenu d'un grand pouvoir ou d'une grande renommée, aurait plus promptement attiré les esprits...

« Après de grands efforts et de grands travaux, je me suis placé au point de vue d'intérêt commun des peuples européens. Ce point est le seul duquel on puisse apercevoir et les maux qui nous menacent et les moyens d'éviter ces maux. *Que ceux qui dirigent les affaires s'élèvent à la même hauteur que moi, et tous verront ce que j'ai vu.*

» Il viendra sans doute un temps où tous les peuples de l'Europe sentiront qu'il faut régler les points d'intérêt général, avant de descendre aux intérêts nationaux; alors les maux commenceront à devenir moindres, les troubles à s'apaiser, les guerres à s'éteindre; c'est là que nous tendons sans cesse, c'est là que le cours de l'esprit humain nous emporte! Mais lequel est le plus digne de la prudence de l'homme, ou de s'y traîner, ou d'y courir?

» L'imagination des poëtes a placé l'âge d'or au berceau de l'espèce humaine, parmi l'ignorance et la grossièreté des premiers temps. C'était bien plutôt l'âge de fer qu'il fallait y placer : l'âge d'or du genre humain n'est point derrière nous; il est au-devant; il est dans la perfection de l'ordre social. Nos pères ne l'ont point vu, nos enfants y arriveront un jour; c'est à nous de leur frayer la route. »

Le vœu et l'espoir du philosophe semblaient près d'être réalisés. Le projet de réorganisation européenne était remis en lumière par un des souverains les plus puissants, et qui était en même temps célèbre par ses études et ses aspirations sociales aussi bien que par ses travaux politiques. Ces lignes prophétiques furent reproduites quelques jours après par l'*Opinion nationale*, dans un article ayant pour titre : *Une préface du discours impérial.*

Mais les tristes pressentiments dont Enfantin se montrait affecté depuis quelque temps, s'accentuaient de plus en plus dans ses conversations intimes et dans sa correspondance. Si, comme il l'avait dit dans sa lettre sur le crédit intellectuel, son esprit n'était pas obscurci, si son cœur était toujours ferme, sa main tremblait et son corps faiblissait chaque jour davantage. Se mettre en mesure vis-à-vis de la mort était devenu l'objet prédominant de ses pensées et de sa sollicitude apostolique. Il voulait avant tout pourvoir à la conservation des monuments de sa foi, à la propagation et à la per-

pétuité de sa doctrine. « Cher ami, écrivait–il à
Arlès, le 24 novembre 1863, en dehors de mon
métier du *chemin* et des *eaux*, je ne m'occupe
guère que de mon testament. » Il en avait déjà fait
un [1] en 1857, dans un moment où il recherchait,
pour la justification de ses hardiesses morales, des
révélations qu'il espérait trouver dans le commerce
des artistes, comme Saint-Simon avait étudié suc-

[1]. Enfantin avait joint à ce premier testament des instructions
particulières pour Arlès, qui était dès lors nommé légataire universel. Ces instructions portaient ce qui suit : « Je charge mes
amis H. Fournel, F. Arlès, Ch. Lambert, Benjamin Delessert, R.
Holstein, Laurent, Guéroult, Lhabitant, L. Jourdan, et mon fils
Arthur Enfantin, d'administrer la conservation et l'exploitation
de mes archives, correspondances, manuscrits, ouvrages publiés
ou à publier. — En conséquence, ces amis formeront immédiatement une société régulière dans ce but...

» J'ATTACHE UNE TRÈS-GRANDE IMPORTANCE A LA CRÉATION
D'UNE SOCIÉTÉ DE PROPAGANDE DE NOTRE FOI AU MOMENT OU
J'AURAI ACCOMPLI MA MISSION PRÉSENTE. J'ENGAGE DONC TOUS NOS
AMIS, CEUX SURTOUT QUI M'ONT REPOUSSÉ, DÉLAISSÉ DANS LES
DERNIÈRES PHASES DE MA VIE D'INITIATIVE, MAIS QUI POURTANT
CONFESSENT TOUJOURS LEUR FOI DANS SAINT-SIMON, JE LES ENGAGE
A CONCOURIR DE TOUS LEURS EFFORTS A FONDER ET A DÉVELOPPER
CETTE ŒUVRE, DONT JE NE DÉPOSE ICI QUE LE GERME EN PRÉSENCE
DE DIEU ET EN FACE DE LA MORT. MAIS J'AI FOI, MES AMIS,
QU'EN CE GERME VOUS ME FEREZ REVIVRE COMME VOUS LE DEVEZ.
JE VOUS LIVRE ICI LES MEILLEURES ET LES PLUS INTIMES PORTIONS
DE MON AME, DE MA VIE, CULTIVEZ-LES, RÉPANDEZ-LES PROGRES-
SIVEMENT SUR LE MONDE, QU'IL M'ABSORBE, COMME PAR L'EUCHA-
RISTIE IL A MANGÉ LE CHRIST QUI VIT EN NOUS, AU MILIEU DE
NOUS, QUI SE RÉJOUIT EN NOUS, EN MOI, FILS DE DIEU COMME
LUI, COMME TOUS, EN MOI SURTOUT PARCE QUE JE LUI AI
APPRIS A BÉNIR SA MÈRE. »

cessivement les éléments de la rénovation intellectuelle et économique dans la pratique des savants
et des industriels. Mais quoique l'idée d'un autre
testament fût bien arrêtée en lui dès la fin de 1863,
cette résolution ne devait être suivie d'exécution
que dans les premiers mois de 1864.

Cette préoccupation n'était toutefois que prédominante, et non pas exclusive. Enfantin ne se dé-
sintéressait pas tout à fait encore du présent au
milieu des soins qu'il donnait à l'avenir. Dans la
même lettre où il disait ne s'occuper guère que de
son testament, il revenait au discours impérial du
5 novembre et à la proposition du congrès. Mais
l'échec de cette proposition était dès lors prévu et
presque assuré. Le projet de réorganisation européenne était gravement compromis par l'attitude
négative et dédaigneuse de l'Angleterre; l'état précaire et maladif allait donc continuer. Enfantin en
prenait ainsi son parti : « Ce n'est pas, disait-il,
que ce gâchis, qui vous amuse depuis quarante
ans, m'ennuie ou me dégoûte outre mesure , car il
s'est fait et il se fait de bien grandes choses durant
ce gâchis et même à cause de lui; mais je m'en
rapporte au NON MOI qui ne va pas mal *sans moi* et
dans le sens où je désire qu'*on* marche.

» Sans ce gâchis, vous n'iriez pas à Naples

comme vous allez le faire, en prince du monde actuel, et comme les rois d'autrefois n'auraient pas voyagé. — P. ENFANTIN. »

LVI

(1864)

— « Vous aimez tant l'humanité dans son ensemble qu'il ne vous reste plus d'amour pour personne en particulier » — avait dit un jour brutalement au Maître un disciple qui s'éloignait de lui à regret, celui-là même qui dénonce ici, dans ces lignes expiatoires, cette amère et injuste apostrophe; et le Maître avait répondu vivement : — « Il est vrai que j'aime par-dessus tout et d'un amour sans égal l'humanité et Dieu en qui elle vit, mais j'ai la prétention aussi d'aimer plus que personne et d'un amour sans égal ceux pour qui je ressens une affection particulière. » — Et le disciple, comme soudainement illuminé par cette ardente parole sortie des entrailles du Père, s'était incliné en disant : C'EST VRAI!

Mais toutes les injustices, les duretés et les ingratitudes qu'Enfantin avait subies n'avaient pas été si vite confessées et rétractées. Elles s'étaient au con-

traire sans cesse multipliées et aggravées, à tel
point qu'à la dernière année de sa vie, l'annoncia-
teur suprême de l'association universelle, lui qui
avait trouvé la France et l'Europe un champ trop
étroit pour son prosélytisme humanitaire, en était
venu à se résigner à la retraite, à la méditation so-
litaire et à la souffrance secrète, et à concentrer
toutes ses joies intimes dans sa foi à la vie éternelle,
dans l'assurance que les œuvres de sa vie passée
seraient continuées dans sa vie future. Il avait renoncé aux soirées brillantes, aux fêtes musicales,
aux concerts et aux bals, au milieu desquels il
avait étudié pendant quelques années les gens du
monde et principalement les artistes à qui sa maison
était cordialement ouverte. Désormais la puissante
activité de son esprit s'appliquait presque exclusivement, comme il le disait dans sa correspondance,
à la préparation de ses dernières volontés et à la
conservation de ses archives; et quand, sous l'influence de ces tristes présages d'une fin prochaine,
de pénibles souvenirs venaient rouvrir ses profondes
et nombreuses blessures, il laissait échapper des
larmes, des gémissements, des sanglots..... Ceux
de ses disciples qui le voyaient fréquemment ne
pouvaient se tromper sur l'état douloureux de son
âme. Lambert, qui possédait toute sa confiance,

devait être particulièrement touché des souffrances
du Maître. Oubliant le mal mortel dont il était lui-
même atteint et qui allait l'emporter prématuré-
ment, il éprouva le besoin de porter des consolations
à celui qu'il n'avait pas cessé d'appeler son père, et
il lui écrivit de la campagne où il avait été chercher
des soulagements pour ses propres douleurs, la
lettre suivante :

« Orly, 7 février 1864.

» Père,

» J'ai désiré vous écrire, non pour vous exprimer quelque chose de neuf, mais parce qu'au
moment où votre cœur affligé semble vouloir se
dérober aux témoignages publics et officiels de
l'affection de vos enfants, j'ai cru du devoir de vos
plus vieux et de vos plus fidèles compagnons d'a-
postolat, d'affirmer de nouveau d'une manière
intime leur foi et leur amour pour celui qu'ils ont
acclamé, et que l'humanité tout entière, naissant
et s'éveillant progressivement, acclamera comme
le père de la famille humaine régénérée.

» On dit que les brahmanes s'imaginent que le
monde s'écroulerait si leurs prières ne le soute-
naient. J'aime assez ce sentiment, et je le caresse
quelquefois dans les coins mystiques et rêveurs de
ma nature, en le transfigurant pourtant, et en

l'appliquant aux liens de reconnaissance et d'affection profonde qui unissent les enfants à leur Père, les disciples à leur Messie. — Mais à côté des enfants nommés et reconnaissants, à côté des disciples déclarés, il y en a qui cherchent leur Père et leur Maître, et les actes et le verbe de cette foule qui grandit sans cesse doivent réjouir votre cœur paternel et votre âme apostolique. Tertullien, dans son Apologétique, cent cinquante ans après l'apparition de son maître, voyait des chrétiens partout. N'y a-t-il donc pas aussi dans les temps où nous vivons des saint-simoniens partout? Tous ne le sont-ils pas, à des degrés divers, et selon notre foi, et selon les plus frappantes réalités? Il y a trente-trois ans, dans un enseignement public, j'ai présenté à mon auditoire, qui parut s'y intéresser vivement, des considérations assez curieuses sur la vitesse de la propagation des doctrines comparée à la vitesse de la locomotion. — J'avais pris en nombre rond dix pour exprimer le rapport des vitesses des mouvements humains à notre époque et à celle de Jésus; or, de 33, année de la mort de Jésus, à 333, avénement du christianisme dans la politique de Constantin, il y a trois cents ans, il ne devait donc y avoir entre 1825, date de la mort de Saint-Simon, et l'installation de nos idées dans les faits pratiques que trente ans, ce qui nous donnait 1855 pour notre ère constantine. — N'est-ce donc pas sensiblement vrai ? Je le sens ainsi, et je trouve que vous qui tenez dans vos bras cette jeune humanité qui s'ignore encore et s'essaie à la vie pour le salut universel, vous pouvez avec amour et confiance chanter le cantique de Siméon.

» Permettez-moi, Père, en terminant cette effusion filiale, de vous rappeler la fin de votre lettre du 18 décembre 1834 ; les circonstances ne sont plus les mêmes, il est vrai... Je songeais alors à prendre fonction et à vous quitter pendant quelque temps pour vous rejoindre ensuite plus fort et plus capable de remplir la mission que vous m'avez donnée.

» Mais cette lettre est mon titre de gloire, et comme un contrat et une promesse de vie éternelle avec vous...

« Adieu, cher enfant, m'écriviez-vous alors :
» vite, vite, le temps presse ; Drouot aussi ne veut
» pas languir ; marchez, je suis toujours avec vous ;
» et au retour, au revoir, tu auras plus que tu ne
» demandes, car tu ne veux qu'un regard de joie
» et d'orgueil, et moi, je te reprendrai encore une
» fois par la main, collant encore une fois ta vie à
» la mienne, te lassant encore une fois, pour te re-

» lancer de nouveau avec plus de force; c'est là ta
» destinée et la mienne à travers l'éternité; tu es
» l'enclume et moi le marteau, et nous avons forgé
» ensemble de bonnes lames, nous en forgerons
» *toujours*.

» Je t'embrasse. P. E. »

— » Et moi, par cette lointaine célébration du
soixante-huitième anniversaire de votre naissance, je réclame de vous, lorsque je *vous reverrai*,
cette nourriture si chère pour mon cœur, votre
baiser paternel. — Th. Lambert-Bey. »

En appelant l'attention du Maître sur la foule
sans cesse grandissante qu'un apostolat anonyme
et invisible nourrissait de l'esprit saint-simonien, à
mesure que des disciples déclarés et des enfants nommés et reconnus laissaient détendre ou briser les
liens qui les rattachaient au centre doctrinal, au
foyer paternel, Lambert apportait à Enfantin les
seules consolations qu'il pût désirer recevoir alors.
Oui, l'installation des idées saint-simoniennes dans
les faits pratiques devenait chaque jour plus sensiblement vraie, et rapprochait notre époque de
l'ère constantine du christianisme. Qu'était-ce en
effet que cet abaissement des frontières entre les
peuples dans leurs relations commerciales et l'é-
change de leurs productions respectives, sinon

l'acheminement à l'association universelle? Et cet
entraînement général des ouvriers de tous les pays
vers de meilleures conditions pour le travail et une
plus grande part dans la distribution des lumières,
n'était-il pas aussi le signe certain que le monde
moderne se pénétrait de plus en plus de cette
maxime fondamentale du saint-simonisme, que les
institutions sociales doivent avoir pour but l'amélioration morale, intellectuelle et physique de la classe
la plus nombreuse et la plus pauvre? Enfantin ne
pouvait donc que se réjouir grandement de l'influence croissante de ses idées sur le mouvement
social [1], depuis que leur enseignement direct et so-

1. L'installation des idées saint-simoniennes dans le mouvement social, dans les faits pratiques, a fait bien des progrès depuis la lettre de Lambert, écrite le 7 février 1864. Quel développement n'a pas reçu l'instruction publique pour élever et
asseoir l'enseignement universel à côté du suffrage universel?
Quelles améliorations n'ont pas été apportées dans l'ordre matériel en faveur des classes laborieuses par la multiplication des
établissements de crédit, des sociétés de secours mutuels, des
sociétés coopératives, par la fondation du prêt au travail, l'abolition du délit de coalition et de la contrainte par corps, et par
l'institution de la solidarité internationale, entre les travailleurs
de tous les états et de tous les pays? Il n'y a pas jusqu'à l'idée
de l'égalité de l'homme et de la femme, idée capitale dans le saint-
simonisme, qui n'ait gagné considérablement du terrain dans le
monde politique. Le *Moniteur* constatait hier (27 mai 1867)
que cette égalité venait d'être reconnue et mise en pratique
dans plusieurs états de l'Union américaine, et qu'elle avait obtenu une importante minorité dans la chambre des communes
de la Grande-Bretagne.

lennel avait cessé et que des séparations multipliées mais plus personnelles que doctrinales, et seulement attentatoires à sa primauté hiérarchique, avaient jeté dans le tourbillon et la pratique des affaires de nombreux apôtres sécularisés, et qui étaient restés, bon gré mal gré, de zélés propagandistes, sous la protection de l'incognito. Si cette joie intime était pourtant mêlée de tristesse, c'est que les dissidences, les désertions, qui agrandissaient de plus en plus le cercle du vide autour de lui, ne se produisaient pas sans déchirement pour son cœur, et que le succès de l'apostolat indirect et de la propagande sans insignes, le confirmait d'ailleurs dans la pensée que les œuvres d'initiation et de pratique actuellement désirables et possibles étant visiblement réservées à d'autres que l'ancien Père suprême de Ménilmontant, il devait ne plus chercher qu'à s'isoler chaque jour davantage dans sa retraite de Paris, pour s'y préparer à une transformation plus ou moins prochaine.

Pour supporter cet isolement, il avait plus que les consolations de ses enfants selon l'esprit, demeurés fidèles comme Lambert, il pouvait y joindre celles de sa famille selon le sang et la loi, à commencer par celles de son fils et de sa belle-fille. Arthur et sa jeune épouse n'avaient pas plus oublié

que Lambert, que le 8 février était l'anniversaire
de la naissance du Père. Ils lui écrivirent tous les
deux à ce sujet. « Cher père, lui disait sa bru,
alors à la veille de devenir mère, votre Léonie et
votre petit (fils ou fille) viennent vous embrasser
aujourd'hui à l'occasion du 8 février bien plus
affectueusement encore qu'à l'ordinaire, si toutefois
cela est possible. — J'espérais vous le dire de vive
voix ; mais je crois qu'il faudra renoncer au voyage
de Paris. Je suis depuis quelques jours bien fati-
guée, et je sens qu'il serait peut-être imprudent de
faire un aussi long voyage. Vous voyez que l'enfant commence à m'imposer des sacrifices ; c'en est
un grand pour moi que de ne pas aller vous voir,
mais j'espère que vous nous dédommagerez bientôt
en venant passer quelques jours avec nous. Adieu,
cher père, donnez-nous souvent de vos nouvelles.
Je vous embrasse aussi fort que je vous aime. —
Votre fille affectionnée. — Léonie Enfantin. »

Une grande affliction était réservée à Enfantin
pour les derniers mois de son existence, c'était de
voir mourir avant lui celui de ses disciples qui, depuis le voyage d'Égypte, s'était le plus intimement
attaché à sa personne et à sa foi. Lambert, après
avoir souffert pendant plusieurs années d'une maladie dont les eaux de Vichy n'avaient pu arrêter

les progrès, fut enlevé au milieu de mars 1864 à
la suite d'une de ces crises qui l'avaient si fréquemment et si cruellement tourmenté. Sa famille fit présenter son corps à l'église. Enfantin, qui avait voulu
assister aux funérailles, se retira alors du cortége.
Laurent en fit autant, et Guéroult s'associa au
sentiment qui avait motivé cette retraite dans une
note publiée, le soir même, par l'*Opinion nationale*, et dans laquelle le respect dû aux croyances
du mort par ses proches était vivement reven-
diqué.

Peu de jours après, le 8 avril, Enfantin refaisant
son testament, y insérait une clause expresse pour
que ses obsèques fussent à l'abri de toute démons-
tration contraire à sa foi.

Un autre de ses intimes amis, désigné dans ce
testament pour participer éventuellement comme
suppléant à l'exécution de ses dernières volontés,
Delagoutte, mourut subitement dans le courant du
même mois. Enfantin fut de plus en plus attristé
par cette fin prématurée et tout à fait soudaine.

Mais la Providence lui envoya bientôt une con-
solation; un rayon de joie lui vint de la famille du
sang. Le 20 mai, une dépêche télégraphique, datée
de Lyon, lui annonça que sa bru venait d'accoucher
d'une petite fille. « *Vivat !* écrivit-il aussitôt à

Arthur, voilà qui est bien. Mais soyez bien prudents pendant les premiers jours. Il faut que cette couche rende Léonie forte comme un homme, afin que, la fois prochaine, elle en fasse *un* qui ne la tourmente pas comme la petite sœur.

» Le procès horrible de Lapommeraie me fait penser, moi qui aime à chercher l'or dans le fumier, que tu ferais bien d'aller chez Arlès avec le billet ci-inclus (un bon de trois mille francs) et de prendre son conseil pour une police d'assurance à cette petite luronne.

» Je vous embrasse tous les trois.

» P. ENFANTIN. »

Les tristes pressentiments allaient toujours croissant chez le Maître, et le rendaient plus impatient d'assurer la survivance de ses écrits à sa personne. Après s'être efforcé pendant longtemps de fonder une société pour la conservation des archives saint-simoniennes, auxquelles il avait travaillé de sa propre main dans sa prison de 1832 et 1833, ayant été amené à ne plus compter uniquement sur ce moyen pour atteindre son but, il prit le parti d'offrir au gouvernement de faire don de ses livres et manuscrits à une des bibliothèques publiques appartenant à l'État, et il désigna la bibliothèque de l'Arsenal, où Saint-Simon avait été bibliothécaire sous Napoléon Ier, et dont Laurent se trouvait l'administrateur depuis l'avénement de Napoléon III. Cette offre ayant été acceptée, Enfantin ne voulut pas attendre que toutes les formalités légales fussent remplies pour la réaliser. Pendant tout le mois de mai et la première quinzaine de juin, il s'appliqua avec autant d'ardeur que d'assiduité à emballer, à faire transporter à la bibliothèque de l'Arsenal, et à mettre provisoirement en ordre avec le concours obligeant d'un fonctionnaire de cet établissement, M. Cordiez, ses papiers et ses livres ainsi que ceux de Lambert qui en avait exprimé le désir. Quand ce travail fut terminé, il en éprouva un grand soulagement et une vive joie, comme le témoigne la lettre suivante à Arlès :

« Paris, le 16 juin 1864. »

» Mon cher ami,

» Non-seulement vous ferez bien de m'envoyer vos deux correspondances, mais vous devez certainement avoir des livres de socialistes divers et aussi des livres d'homéopathie, et des livres d'économie politique qui n'ont pas une fameuse utilité dans votre bibliothèque, et seraient très-bien dans l'esprit de celle-ci.

» Je désire, en effet, que cette bibliothèque devienne, par développements successifs, la critique des bibliothèques actuelles, en ce sens que celles-ci ne comprennent pas dans leurs classifications une catégorie qui réponde à la classe académique nommée *sciences morales et politiques* [1].

» Jetez un coup d'œil sur votre bibliothèque à ce point de vue.

» Vous devez avoir beaucoup de choses sur des projets financiers, industriels, importants par eux-mêmes ou par leurs inventeurs ; de même sur votre concours pour les femmes.

» Figurez-vous d'ailleurs que ni Lambert, ni

[1]. Le vœu d'Enfantin est en voie de réalisation progressive. Non-seulement la donation a été suivie d'un décret impérial autorisant l'administrateur de la bibliothèque de l'Arsenal à l'accepter, mais M. le ministre de l'instruction publique a autorisé la *Société de protection des apprentis et des enfants des manufactures* à faire le dépôt des documents et des livres qui lui seront adressés à cette même bibliothèque. C'est ce que nous apprend le compte rendu de M. le duc de Mouchy, secrétaire général de cette Société, à la séance du 17 mars 1867, et dans lequel nous lisons en outre :

« La même facilité a été donnée au groupe dix du jury international pour les nombreux documents relatifs à l'enquête que dresse la réunion de ses bureaux, sous la présidence de M. Conti.

» Ces matériaux formeront, AVEC LE LEGS ENFANTIN, *le noyau d'une bibliothèque spéciale d'économie sociale*, qui sera, à un jour donné, nous l'espérons, une collection unique due à l'initiative de votre Société. » Ce rapport a été inséré au *Moniteur*.

Le décret d'*autorisation* du *legs Enfantin* porte qu'il formera un fonds spécial et restera pendant trente ans dans une salle particulière qui lui a été appropriée et dans laquelle se trouvent les livres et manuscrits des disciples de Comte et de Fourier qui ont répondu à l'appel d'Enfantin, MM. Robinet et Barrier.

moi, n'avons un seul volume d'économie politique, sauf Michel, et que ni Say, ni Smith, ni Malthus ne sont là. Débarrassez-vous en faveur du fonds commun.

» *Vous ne sauriez croire combien je suis heureux d'avoir fourré tout cela hors de chez moi.* — A vous. — P. ENFANTIN. »

Tranquille désormais sur le sort de cette partie de sa vie à laquelle il tenait par-dessus tout, Enfantin traversa péniblement cependant les chaleurs du mois de juillet et celles des premiers jours d'août. Il souffrait et s'affaissait visiblement. Le 6 août, il écrivait à son fils : « Demain, tu seras bien près de trente-sept ans. Cela commence à être un joli chiffre, mais le mien vaut bien mieux…..

» Le temps est presque aussi désagréable qu'en juillet, je reprends mes habitudes de grande indo‑lence.

» Je fais pourtant graisser mes souliers de chasse ; mais je ne bougerai pas avant la fin du mois.

» Adieu, moutard de trente-sept ans ; si tu en veux davantage, tu n'as qu'à te bien conduire.

» Quand ta fille aura trente-sept ans, tu seras plus vieux de six ans que je ne suis à présent, et moi j'aurai cent cinq ans. — En attendant, je vous embrasse. — P. ENFANTIN. »

Le dernier jour du mois devait être le jour suprême pour Enfantin et pour sa petite-fille.

Le 18, il avait fait graisser ses souliers, et il avait été prendre un permis de chasse avec Laurent qui devait l'accompagner dans le département d'Eure-et-Loir, chez Blaise (des Vosges). Ce même jour, il porta au notaire la minute de la donation de ses livres et manuscrits à la bibliothèque de l'Arsenal, et le pria de dresser cet acte pour qu'il pût le signer le 23, à son retour d'une visite qu'il allait faire à Lhabitant, alors à la campagne en Normandie. Il partit le 19 pour cette excursion de quelques jours, après avoir donné rendez-vous à Laurent pour le mardi 23, à onze heures, au bureau du chemin de fer de Paris à la Méditerranée, afin d'aller ensemble de là chez le notaire accomplir les formalités de la donation.

Le 23, Laurent fut exact au rendez-vous ; Enfantin n'y vint pas. Il était pourtant rentré la veille au soir à Paris ; mais il avait été surpris dans la nuit par une indisposition qui l'avait empêché le lendemain de se rendre à son bureau. Laurent, qui avait cru d'abord à un simple retard dans le retour de la campagne, s'empressa néanmoins, le mercredi 24, de se rendre vers huit heures du matin à la demeure du Maître, rue de Boulogne. En en-

trant, il demanda vivement : — Et le Père, est-il
arrivé? — Oui, répondit tristement le domestique,
mais il est bien malade; venez voir dans quel état il
est.—Laurent marcha vers la chambre d'Enfantin,
et il éprouva un déchirement cruel en le voyant sous
le coup d'horribles souffrances, pris d'un râle ef-
frayant et ne connaissant plus personne. Il courut
chez le médecin qu'on lui avait dit être venu déjà et
ne devoir plus revenir que le soir. Il le pria de s'adjoindre un de ses confrères pour porter de prompts
secours au malade qui lui paraissait en très-grand
danger. Le médecin ne perdit pas un instant. Mais
le confrère qui lui promit son concours, ne pouvant
se rendre auprès du malade qu'à quatre heures du
soir, il s'y rendit lui-même vers midi, et s'y rencontra avec Laurent qui insista sur l'emploi immédiat du remède que les gens compétents seuls pouvaient juger applicable. Une saignée fut pratiquée;
le second médecin qui survint la trouva opportune.
Laurent avertit aussitôt Arthur et Arlès, par dépêche télégraphique, des graves dangers qui me-
naçaient la vie d'Enfantin.

Le lendemain, le malade avait repris ses sens
et put reconnaître ses amis. Quand Laurent s'ap-
procha de son lit, il lui dit d'une voix forte et qui
témoignait de la persistance de la fièvre : — Lau-

rent, vous savez que nous avons un acte important
à faire ; allez chez le notaire, dites-lui de m'apporter cet acte à signer ; cela presse. — Laurent lui
répondit qu'il allait remplir ses intentions, quoiqu'il n'y eût rien de pressant dans son état ; mais le
malade répliqua, en haussant le ton, qu'il sentait,
lui, mieux que personne, combien il y avait urgence
à faire ce qu'il demandait. Le disciple partit aussitôt
et revint peu après annoncer la visite du notaire,
M. Dufour, pour deux heures de l'après-midi.

M. Dufour remplit sa promesse, mais ce fut une
simple visite de politesse et d'ami plus que d'homme
d'affaires. Il avait dit à Laurent qu'il en serait ainsi,
parce que la donation, même signée par le donateur,
étant nulle, si celui-ci avait cessé de vivre avant
l'acceptation du donataire, autorisée par un décret
qui pouvait se faire longtemps attendre, il était
inutile de se presser pour faire un acte que la mort
du malade ferait considérer comme non avenu.

Le mieux qui s'était déclaré chez Enfantin se
maintint les jeudi et vendredi, 25 et 26 août. Arlès
et Arthur arrivèrent successivement dans la journée du 26, le premier de Lyon, le second d'Aix
en Savoie, et ils virent le malade qui fut vivement
impressionné par leur présence. Enfantin resta
seul pendant quelque temps avec son fils, sans autre

témoin qu'un jeune médecin, interne dans un hôpital, et qui le soignait particulièrement. Après la
sortie d'Arthur, il pleura abondamment; chaque
fois, du reste, qu'il recevait la visite d'un de ses
disciples, son émotion se manifestait de manière à
faire craindre qu'elle ne vînt en aide à la fièvre;
aussi les visiteurs, qui sentaient comme le malade
qu'il fallait ménager sa sensibilité, se retiraient-ils
après une poignée de mains et l'échange d'un regard significatif. Le mieux se soutint assez cependant pour que tout danger imminent parût écarté,
et qu'Arthur pût s'éloigner de son père pour se
rendre en toute hâte auprès de sa femme qui lui
annonçait que leur enfant agonisait. Mais dès le
lendemain, au lieu de continuer à décroître, le mal
s'aggrava, et, après trois jours d'atonie générale,
Enfantin, malgré tous les soins dont il avait été
entouré, expira le mercredi 31 août 1864, à six
heures du matin. La veille au soir, sous le poids de
son accablement, il avait prononcé cette dernière
parole qui attestait l'intensité de ses constantes préoccupations pour la conservation des archives saint-
simoniennes : « Le relieur a encore un de mes
volumes qu'il faut faire porter à la bibliothèque de
l'Arsenal. » Le fait était vrai; le volume a suivi la
destination que le maître lui avait assignée.

Le testament de l'illustre défunt fut ouvert, le jour même du décès, par son légataire universel, Arlès, chez M. Dufour, notaire; en voici la teneur :

« Ceci est mon testament :

» Je soussigné, Barthélemy-Prosper Enfantin, né à Paris le huit février mil sept cent quatre-vingt-seize, ai fait mon testament ainsi qu'il suit :

» J'explique d'abord que parmi les meubles et objets mobiliers qui se trouvent dans mon appartement, une partie appartient à madame Félicie Guillaume, demeurant à Paris, chez moi, ainsi d'ailleurs qu'il est déjà constaté par une déclaration que je lui ai faite pour éviter toute difficulté, et dans laquelle j'ai indiqué en quoi consiste cette partie du mobilier. En conséquence elle devra être laissée à son entière disposition comme ne dépendant pas de ma succession.

» Je donne une semblable explication en ce qui concerne deux inscriptions de rentes sur l'État 4 et demi p. 100 de quatre-vingt-dix francs chacune, que l'on trouvera dans mon bureau. Ces titres, qui sont au nom des enfants Sonnerat, appartiennent l'un à la succession de l'aîné de ces enfants qui est décédé, l'autre à celui qui survit; en conséquence ces titres doivent être remis à qui de droit.

» Mon fils et seul héritier, Alexandre-Arthur

Enfantin , actuellement à Lyon, inspecteur princi-
cipal de la compagnie des chemins de fer de Paris
à Lyon et à la Méditerranée, aura la part de ma
succession que lui réserve la loi, soit les trois huitièmes, et quant aux cinq autres huitièmes de ma
succession, j'en fais don et legs à mon ami Barthé-
lemy-François Arlès, demeurant à Lyon, que j'institue à cet effet mon légataire universel, à la charge
de remettre à la Société des Amis de la famille la
somme de 6,000 francs une fois payée, que je
lègue à cette Société ; cette somme formant le
maximum de ce qu'elle peut recevoir, mon légataire universel aura à supporter les droits de mutation sur ce sujet.

» Mon fils et mon légataire universel supporte-
ront et acquitteront chacun les droits de mutation
le concernant. Quant aux autres droits et frais gé-
néralement quelconques, qui seront occasionnés par
l'ouverture ou le partage de ma succession, ils seront à la charge de mon fils pour trois huitièmes et
à celle de mon légataire universel pour les cinq autres huitièmes.

» Je veux que dans les attributions à faire à chacun d'eux, dans le partage, le lot de mon légataire
universel renferme : 1° tous les meubles meublants
et autres objets mobiliers garnissant mon apparte-

ment, sans aucune autre exception que celle des objets appartenant à madame Guillaume, et ce, pour la somme de 10,000 francs;

2° Tous mes manuscrits et la propriété littéraire de mes œuvres pour la somme de 5,000 francs.

» Je fixe ici ces estimations afin d'éviter celles qui seraient à faire lors de mon décès.

» En cas de décès d'Arlès avant moi ou à son défaut par quelque cause que ce soit, j'institue pour mon légataire universel à son lieu et place et aux mêmes conditions que celles ci-dessus, ceux de mes amis dont les noms suivent et dans l'ordre qui va être établi :

1° César Lhabitant, demeurant à Paris, rue Bellechasse, 32;

2° En cas de décès ou à son défaut, Gustave d'Eichthal, demeurant à Paris, rue Neuve-des-Mathurins, 34;

3° En cas de décès ou à son défaut, P. M. Laurent, conservateur de la bibliothèque de l'Arsenal;

4° En cas de décès ou à son défaut, Henri Fournel, inspecteur général des mines, rue de la Chaussée-d'Antin, 58 bis;

5° En cas de décès ou à son défaut, Adolphe Guéroult, député, demeurant rue d'Amsterdam, à Paris.

» Je nomme pour mon exécuteur testamentaire, avec saisine, M. Dufour, notaire à Paris, place de la Bourse, et en cas de décès ou à son défaut, mon ami, Prosper de la Goutte, demeurant à Paris, rue de Clichy, 66, et en cas de décès et à son défaut, mon ami Adolphe Blaise, demeurant à Paris, rue Pigale, 21.

» Je le charge de suivre et d'assurer l'exécution du présent testament, et en outre je lui recommande de tenir la main à ce que mes obsèques soient extrêmement simples, qu'elles n'aient pas lieu à une église, ou avec assistance quelconque de prêtre, d'aucun clergé, ne voulant être ainsi l'occasion d'aucun scandale pour la foi d'autrui, ni d'aucune atteinte au respect de la mienne.

» Je révoque tout testament que j'aurai pu faire antérieurement à celui-ci.

» Fait à Paris, le huit avril mil huit cent soixante-quatre, dans ma soixante-neuvième année, plus croyant que jamais en Dieu, père et mère de tout ce qui est, vie universelle, et aussi en ma propre vie passée, présente et future dans le sein de Dieu, plus confiant que jamais dans sa volonté de progrès pour tous, plus aimant de ceux que j'aime. — P. ENFANTIN. »

Les obsèques d'Enfantin eurent lieu le 2 septembre. Selon ses dernières volontés, son convoi fut modeste comme celui du pauvre, et son corps porté directement, sans assistance d'aucun prêtre, au cimetière du Père-Lachaise. A la tête du convoi marchaient Arthur Enfantin, revenu à la hâte à Paris, Arlès, légataire universel, et M. Dufour, notaire et exécuteur testamentaire. Venaient ensuite les personnes désignées dans le testament pour suppléer au besoin le légataire universel, et appelées par les instructions confidentielles laissées à Arlès, à former un conseil d'administration des archives et de propagation de la foi et des œuvres du défunt : Lhabitant, d'Eichthal, Laurent, Fournel, Guéroult, auxquels s'étaient joints Vinçard, Desplanches, Boutet, Boissy, Barrault, Duveyrier, Isaac Péreire, Félicien David, Jourdan, Blaise (des Vosges), ainsi que les autres membres de la Société de la famille, légataire particulière d'Enfantin. Le corps fut inhumé dans une tombe voisine de celles de Saint-Simon, d'Olinde et d'Eugène Rodrigues et d'Edmond Talabot.

Les discours suivants furent prononcés sur cette tombe :

Dicours de Guéroult.

« Messieurs,

» Une grande existence vient de s'éteindre. Si,

en présence de cette tombe ouverte, nous n'écoutions que nos regrets et notre profonde émotion, nous laisserions parler les souvenirs d'une amitié de trente-cinq ans; nous voudrions rendre hommage, avant tout, à l'homme supérieur et bon, ouvert, accessible à tous, dont tous recherchaient les conseils, et qui avait su créer autour de lui tant de fortes et durables affections.

» Mais Enfantin n'était pas seulement ce qu'on appelle un homme éminent, et sa mémoire ne saurait rester le patrimoine d'un petit nombre d'amis; il était surtout un initiateur, un guide, un maître, un chef d'école, un de ces hommes naturellement investis du don de commander et de se faire suivre; et à ce titre il a exercé sur le mouvement intellectuel de son époque, sur les idées des générations contemporaines, une influence plus profonde qu'apparente, qui est loin d'être épuisée, et qui, si nos pressentiments ne nous trompent, sera plutôt ravivée qu'affaiblie par le coup qui vient de nous l'enlever.

» En effet, si ceux qui consacrent leurs veilles à des questions éphémères, sont exposés à voir leurs travaux périr avec les objets mêmes qui les leur avaient inspirés, en revanche, les penseurs qui vouent leurs études à la solution des problèmes fondamentaux de la destinée individuelle et sociale, s'emparent, par là même, de l'avenir, et s'assurent, auprès de la juste postérité, cette place glorieuse que la futilité contemporaine ne leur accorde pas toujours.

» Issu d'une famille de banquiers, et familiarisé, dès l'enfance, avec l'étude pratique de toutes les questions de crédit; frère d'un peintre éminent, et initié par lui au sentiment des arts; rompu, par la forte éducation de l'École polytechnique, à la discipline scientifique, Enfantin, après avoir pris une part active, en 1814, à la défense de Paris contre les armées coalisées, se livra, pendant quelques années, à la pratique du commerce, avec laquelle il faisait marcher de front l'étude des questions économiques, lorsque en 1825 Olinde Rodrigues, son ancien répétiteur de mathématiques, lui fit connaître les idées de Saint-Simon, et le conduisit chez le philosophe hardi, dont il devait être le plus illustre héritier.

» La forte intelligence d'Enfantin fut frappée et comme illuminée par les grandes vues de Saint-Simon. Ce monde théologique et féodal dont Saint-Simon annonçait la chute, ce monde pacifique des arts, des sciences et de l'industrie dont il pronostiquait l'avénement, la loi du progrès débrouillant le chaos de l'histoire, la rénovation des idées reli-

gieuses montrée comme la base et la condition de
la réorganisation politique européenne, l'amélioration morale, intellectuelle et physique des masses
populaires devenue le but suprême de la politique,
toutes ces idées, si grandes et si simples, para-
doxales alors, aujourd'hui acceptées de tout ce qui
pense, s'emparèrent énergiquement d'Enfantin, et
devinrent le but unique et l'unique mobile de sa vie.

Alors commença, sous son influence indirecte
d'abord, prédominante plus tard, un prodigieux
travail d'élaboration et de propagande. Ce fut l'âge
héroïque des grandes idées du siècle : un programme prophétique alors, aujourd'hui en partie
réalisé, fut tracé et jeté au milieu des prétentions
aveugles et des passions mesquines du moment. Un
réseau idéal de chemins de fer jeté sur l'Europe et
sur l'Asie, les isthmes percés mettant en communication des mondes inconnus l'un à l'autre, l'économie politique renouvelée et fécondée par des
principes nouveaux et d'audacieuses utopies, le
problème douloureux du prolétariat et de la condition des femmes soulevé, un travail d'élaboration
métaphysique et religieux assez puissant, pour faire
dire au P. Lacordaire que c'était le plus grand
mouvement de l'intelligence humaine depuis Luther, telle fut, de 1825 à 1832, l'œuvre originale

et puissante dont Enfantin fut l'âme et le principal inspirateur.

» Plus tard, l'élaboration théorique terminée, autant qu'elle pouvait l'être sous cette forme, les difficultés et les dissidences surgissant à la suite des problèmes, l'école saint-simonienne se dispersa, et chacun dut continuer librement l'œuvre commencée en commun. A cette époque, Enfantin se rend en Égypte pour étudier, sur place, le percement de l'isthme de Suez, qu'il reprendra plus tard, dont il posera les bases, mais qu'il ne lui sera pas donné d'achever. Plus tard, il fait partie de la commission scientifique de l'Algérie; de retour à Paris, des compagnies rivales se disputaient une de nos grandes lignes de chemins de fer. Il trouve une combinaison qui concilie tous les intérêts, et devient directeur de l'entreprise.

» En 1848, il fonde, avec quelques amis, un journal, dans lequel il esquisse à grands traits le programme de plusieurs des créations qui devaient illustrer les débuts de l'Empire.

» Jusqu'à son dernier jour, cette âme passionnée pour le progrès général de l'espèce humaine, cet esprit fécond et fécondant, resta un foyer de chaleur et de lumière, où les intelligences les plus diverses venaient chercher l'inspiration ou le conseil.

» Ceux-là seuls qui ont vécu dans son intimité intellectuelle, peuvent dire avec quelle pénétration sympathique il entrait dans la pensée d'autrui, pour en développer les ressources, les germes d'avenir, et, comme il aimait à le dire, pour en dégager l'élément progressif. Ce que, dans sa longue existence, il a, de la sorte, répandu, suggéré, insinué d'idées justes et fortes, il faudrait des volumes pour le raconter.

» Le secret de cette supériorité attrayante et sympathique, j'aime à vous le dire, Messieurs, en présence de cette tombe et de ce lugubre appareil de mort ; c'est que nul ne fut plus religieux que lui ; nul n'a vécu, autant que lui, en présence de la vie éternelle, dont cette vie, qui nous échappe à tout instant, n'est qu'une des étapes innombrables.

» Ce noble sentiment élevait sa pensée, agrandissait ses horizons, lui faisait sûrement distinguer ce qui doit survivre de ce qui doit périr, et le rendait, pour ainsi dire, contemporain de tous les siècles. Il aimait à être le lien des personnes et à trouver le lien des choses, à chercher dans le passé et dans le présent les germes de l'avenir, à réconcilier la tradition et la prophétie, à se poser comme le trait d'union des contraires, et il y a réussi autant qu'il est donné à l'homme de le pouvoir.

» Cher maître, je voudrais que la douleur de cette cruelle séparation nous permît d'apporter, auprès de votre tombe, quelque chose de ce calme et de cette religieuse confiance avec laquelle vous avez toujours envisagé la mort. Est-il vrai que nous soyons séparés ? Ne serez-vous pas toujours notre guide, notre appui, notre maître ? Votre âme, votre esprit, ne seront-ils pas toujours au milieu de nous ? Affermissez en nous cette religieuse confiance en Dieu qui faisait votre force, continuez de vivre en nous, rendez-nous dignes de continuer votre œuvre, et alors, qui sait si cette mort cruelle qui vous enlève à notre tendresse, ne sera pas pour vous l'aurore de la résurrection ? »

Après le discours de Guéroult, Arlès-Dufour prononça ces paroles :

« Craignant une trop vive émotion, j'avais hésité, et puis renoncé à parler sur cette tombe ; mais ce matin, quand le soleil est venu me rappeler que ce jour serait celui de notre séparation, j'ai senti que je devais vaincre cette émotion, que vous comprendrez d'ailleurs, et prononcer quelques mots d'adieu.

» Pendant près d'un demi-siècle, j'ai marché la main dans la main avec l'homme de *bien* et de *génie* dont nous nous séparons en apparence aujourd'hui.

» Nous avons donc traversé ensemble bien des épreuves de bonne et de mauvaise fortune, de joie et de douleur, et, quoique nos idées n'aient pas toujours été d'accord, parce que nos natures étaient dissemblables, différentes, jamais ces dissentiments n'ont troublé sérieusement notre amitié.

» C'est, Messieurs, qu'elle était indissolublement cimentée par une passion commune qui n'avait cessé de nous posséder et de grandir, et qui avait pris pour nous, et pour lui surtout, un véritable caractère religieux.

» Cette passion, ce lien, c'est le désir, le sentiment de l'amélioration du sort physique, intellectuel et moral de la classe qui vit du salaire quotidien, de cette classe qui ne mange que lorsqu'elle travaille, et qui, malheureusement, est encore partout la plus nombreuse comme elle est la plus pauvre.

» Dans le cours de ma vie active, Dieu m'a fait la grâce de me lier, dans tous les rangs et dans presque tous les pays, avec des hommes éminents par leurs lumières et par leur bonté. Eh bien ! Prosper Enfantin les domine tous dans mon long souvenir.

» En me nommant son légataire universel, moi qui ai son âge, et qui ne puis longtemps lui survivre, il a voulu couronner notre amitié par cette sainte mais rude tâche.

» Je la remplirai religieusement, soutenu que je serai par les amis qu'il m'a adjoints, et qui la continueront quand l'heure de la transformation aura aussi sonné pour moi.

» Tous ses amis, j'en suis sûr, sentent, comme moi, que l'absence apparente du maître impose aux disciples, aux amis qui restent, des devoirs nouveaux, une activité nouvelle; tous comprendront, ainsi qu'il le dit dans ses dernières volontés, que — Nous devons travailler à développer le germe qu'il a déposé en présence de Dieu et de la mort.

» J'ai foi qu'il en sera ainsi. »

M. le docteur Guyon, membre de la commission scientifique de l'Algérie, prit ensuite la parole et dit :

« Messieurs,

» Enfantin a fait partie de la commission nommée par le gouvernement, en 1839, pour l'exploration scientifique de l'Algérie; sa part de collaboration, dans cette commission, nous a valu un de nos meilleurs ouvrages sur la colonisation de l'Algérie.

» Tous ceux qui ont connu Enfantin savent combien il y avait chez lui de bonté, d'aménité, de bienveillance, qualités qui ne s'allient pas toujours à ces hautes facultés dont il était pourvu ; aussi était-il estimé, aimé et recherché de tous ses collègues, qui se faisaient une gloire de le posséder parmi eux.

» La plupart ont déjà payé leur tribut à la mort, et je viens, au nom de ceux qui restent, et dont je fais partie, protester sur cette terre entr'ouverte, de tous les regrets que nous inspire la perte de notre si éminent et si sympathique collègue, — de cet homme si dévoué à l'humanité, et dont le cœur battait si fort pour tout ce qui touchait à ses progrès.

» Après les éloquents discours que vous venez d'entendre, Messieurs, que pourrais-je ajouter? Rien, si ce n'est que j'unis mon deuil au vôtre ; il n'est pas moins grand et il ne sera pas moins durable.

» Adieu, Enfantin, si haute et si belle intelligence ! Cœur si noble, si bon, si généreux ! Adieu, au nom de tous tes collègues de la commission scientifique de l'Algérie ; adieu aussi, en mon nom propre, au nom de celui qui te conserve un si religieux souvenir.

» Encore une fois, adieu, ENFANTIN ! »

Un ouvrier, professant les doctrines de la religion fusionienne, jeta aussi une parole sympa-

thique sur la tombe du chef de la religion saint-
simonienne.

Le soir, on lisait dans l'*Opinion nationale* :

« Ce matin, une triste et douloureuse cérémonie
réunissait autour du cercueil de M. Enfantin tout
ce que Paris renferme de notabilités dans les
sciences, les lettres, les arts et l'industrie ; une
grande intelligence venait de s'éteindre, et c'était
un devoir pour tous ceux qui ont pu apprécier cette
âme d'élite, de venir lui rendre les derniers hommages. »

Le lendemain, à l'ouverture du secrétaire d'Enfantin, le premier papier qui frappa les yeux du
légataire universel et de l'héritier unique fut une
feuille volante sur laquelle le Maître, pressentant
toujours sa fin prochaine, au milieu même de ses
préparatifs de chasse, avait laissé tomber la dernière expression du sentiment de sa supériorité
paternelle et de son inaltérable bienveillance.
Enfantin y avait écrit ces lignes :

« Voici l'automne ! l'hiver de ma vie approche,
j'ai froid.

» Voici l'automne ! buvons et chassons ; les
fruits et le gibier abondent.

» Voici l'automne ! mes enfants, n'attendez plus
de votre Père qu'il vous *donne, donnez-lui*.

» Voici l'automne ! mes enfants, *travaillez*, *élevez*-vous.

» Je me repose et je baisse.

» Je ne peux plus grandir qu'en vous, et par vous, élevez-moi sur vos fortes épaules.

» Croyez-vous donc que l'humanité ne serait pas plus avancée, si vous aviez été seulement aussi justes et reconnaissants pour moi, que je le suis pour Napoléon III ?

» C'est à la sueur de mon front que j'ai vécu et que je vous ai nourris de ma vie.

» Je vous ai enseigné envers Saint-Simon le culte d'une justice reconnaissante, tout en vous rappelant qu'il était tombé dans le suicide.

» Je vous ai appris à être justes et reconnaissants envers les papes, envers les rois, envers tous les grands hommes du passé, même envers Saint-Just et Robespierre, et je ne vous ai pourtant pas caché leurs fautes et leurs crimes.

» Relisez ma *justice* [1], dans ma *morale*, et

---

1. Sur LA JUSTICE de l'avenir, Enfantin avait dit dans son troisième enseignement, le 2 décembre 1831 :

« Alors le criminel ne sera point frappé d'un indélébile anathème ni d'une réprobation éternelle, et le CHEF SUPRÊME, en présence de ce malheureux, qui, parmi ses enfants, aura le plus failli, sentira remonter vers lui-même une partie du jugement prononcé contre le criminel ; car lui-même fut, est et sera FAILLIBLE, il est HOMME. Dans ce moment solennel, je vois le CHEF arrêtez-vous au parricide[1], à l'assassin du Père.

» Qui de vous ne m'a pas un peu assassiné?

» Je vous en ai bénis..... »

SUPRÊME entre le juge et l'exécuteur, tendre ses mains paternel-
les au coupable, et l'interroger, attendant de cet homme si bas,
si misérable, attendant à son tour une révélation : — *Dis-moi,
enfant, dis, qu'y a-t-il donc en moi, en nous tous, de si mauvais
encore, que la famille dont je suis le père ne puisse pas donner
le bonheur à l'un de ses membres, ni l'empêcher, à force d'amour,
de se révolter contre elle? Dis, que nous manque-t-il?* MOI-MÊME,
QUEL PROGRÈS AI-JE A FAIRE? AIDE-MOI A L'ACCOMPLIR. *Dieu est
tout ce qui est, nul de nous n'est lui, et aucun de mes enfants
n'est hors de lui.....*

» Plus d'infaillibilité ni d'idolâtrie, car *aucun de nous n'est*
DIEU; plus d'esclaves ni de réprouvés, car *nul de nous n'est*
HORS *de* DIEU. »

Ces quelques lignes expliquent pourquoi le PÈRE, en face de
la mort, bénissait ses enfants, tout en les déclarant plus ou moins
parricides.

1. Voici le passage du quatrième enseignement sur le *parricide :*

« Lorsqu'une main impie tentera de rompre le LIEN auquel
toutes les existences sont attachées, lorsqu'un des enfants de la
grande famille déchirera le sein de sa mère ou brisera le cœur
de son père, le deuil et l'effroi se répandront sur toute la
terre, et un chœur immense s'écriera : SACRILÉGE! PARRI-
CIDE!

» Chers enfants, n'affligez point celui qui vous donne à chaque
instant sa vie; songez à lui, venez à lui, lorsque vous doutez de
la moralité de votre pensée et de vos actes; son souvenir ou sa
présence vous donneront le calme en vous révélant votre destinée; ayez confiance en lui, s'il se trompe sur votre avenir,
c'est à lui, c'est près de lui, et c'est par lui que vous trouverez
ce que sa prévoyance *imparfaite* n'aura pas pu *d'abord* décou-
vrir. »

Telle fut la fin du chef suprême des nouveaux croyants !

Si nous comparons cette fin à celle du plus illustre défenseur des vieilles croyances, quel contraste n'avons-nous pas à mettre en lumière ?

L'auteur du *Génie du Christianisme* meurt comme il a vécu, c'est-à-dire *bâillant sa vie* et disant plus que jamais qu'*après le malheur de naître, il n'en connaît pas de plus grand que celui de donner le jour à un homme.*

Le continuateur de Saint-Simon, l'interprète le plus hardi du *nouveau christianisme,* meurt aussi comme il a vécu, avec son amour inépuisable de Dieu père et mère et de l'universalité des hommes.

Chateaubriand succombe de lassitude et d'ennui sans avoir aperçu nulle part, ni espéré, ni désiré le principe régénérateur, *le grain de sénevé* [1], qu'il avait invoqué, dans sa jeunesse, sur les rives du Jourdain ; il s'anéantit d'avance, tout entier, dans le dégoût et la haine de la vie, pour lui et pour les autres.

Enfantin se transforme plus plein d'amour que jamais pour la VIE UNIVERSELLE, pour DIEU

---

1. Nous avons cité ce passage de l'*Itinéraire* de Chateaubriand dans notre *cinquième volume*, pages 36 et 37.

et l'ʜᴜᴍᴀɴɪᴛᴇ́, et son dernier écrit est pour *bénir* tous ses enfants bien qu'ils l'aient tous *un peu assassiné*.

Lequel des deux porte avec lui le génie du christianisme de l'avenir?

FIN DU TREIZIÉME VOLUME

TABLE GÉNÉRALE DES MATIÈRES

CONTENUES DANS LES TREIZE VOLUMES

PREMIER VOLUME

	Pages.
Extrait des instructions données par Enfantin à son légataire universel, Arlès-Dufour	V
Avant-propos	VII

NOTICES HISTORIQUES

I

SAINT-SIMON

I

(1760-1786)

Naissance de Saint-Simon	1
Quelques incidents de sa jeunesse	2
Part qu'il prit à la guerre de l'indépendance de l'Amérique	3
Sa correspondance avec son père	4
Prémices de ses préoccupations philosophiques	11

II

(1786-1802)

Son retour en France	13
Sa nomination à la présidence de l'assemblée électorale de sa commune	14

Pages.

Son association financière avec le comte de Redern et
l'emploi qu'il voulait faire de sa fortune.............. 17
Application de son projet d'agrandir la carrière des connaissances scientifiques en France................... 19
Son voyage à Genève................................ 21

III
(1802-1810)

Lettre d'un habitant de Genève, envoi au premier consul. 22
Relations de Saint-Simon avec Mme de Staël, voyage en
Allemagne, retour en France, il se marie, rupture de
son union, perte de sa fortune..................... 25
Divers incidents de sa vie racontés par lui-même, et expo-
sition de ses idées philosophiques.................. 27
Son insuccès auprès de Napoléon et des savants de l'é-
poque 36

IV
(1810-1814)

Lettre de Saint-Simon à son neveu, relative à la nécessité
d'une renaissance religieuse en harmonie avec l'état des
sciences et le progrès des idées.................... 37
Fragments biographiques de la vie de Saint-Simon écrits
par lui-même 41
Son appel, sous forme de lettres, aux savants et aux puissants du monde.................................. 50
Autre lettre à Napoléon, sur les moyens de faire reconnaître l'indépendance des pavillons................... 52
Vives interpellations aux savants appliqués à l'étude des
corps bruts...................................... 54

V
(1814-1815)

Réclamations de Saint-Simon à M. de Redern relatives à
la liquidation de leur société, mauvaise foi de ce dernier, belle réponse de Saint-Simon................. 58
Son projet de réorganisation européenne.............. 62

VI

(1815)

Pages.

Profession de foi de Saint-Simon au sujet de la rentrée de Napoléon en France.. 73

Saint-Simon nommé sous-bibliothécaire à la Bibliothèque de l'arsenal. Sa publication, avec son élève Augustin Thierry, d'un écrit intitulé : *Opinions sur les mesures à prendre contre la coalition de 1815*.................... 74

VII

(1815-1822)

Nouvelles publications d'une série de travaux sur la prééminence de l'industrie.................................. 80

L'indifférence de Saint-Simon pour le régime parlementaire lui aliène des souscripteurs, mais n'arrête point ses publications.. 82

Apparition du quatrième volume de l'industrie, du *Politique* et des premiers cahiers de l'*Organisateur*, dont un article, désigné sous le nom de *Parabole*, est incriminé par la justice.. 83

Publication de quatre lettres à MM. les Jurés............ 89

Publication du système industriel........................ 93

VIII

(1822-1824)

Lettres intimes de Saint-Simon où dominent ses préoccupations philosophiques et religieuses..................... 95

Réflexions d'Olinde Rodrigues sur les travaux du maître.. 101

Lettre de Saint-Simon à M. Ternaux, tentative de suicide. 102

Publication du premier cahier du Catéchisme des industriels.. 106

Correspondance de Saint-Simon avec sa fille............ 108

Avertissement du système de politique positive, par Au-

Pages.

guste Comte, et remarques du maître sur le travail de son disciple.. 109

Publication du quatrième cahier du *Catéchisme des industriels*.. 112

Préparation de l'ouvrage intitulé : *Opinions littéraires, philosophiques et industrielles*............................ 112

Publication du *Nouveau christianisme* 113

Biographie de Saint-Simon par M. Hubbard, incidents relatifs aux derniers moments du Maître..................... 117

Sa mort !.. 122

Ses funérailles, discours prononcés sur sa tombe........ 123

Correspondance de Mme Julie Julliand et de Mme Caroline Charon, fille de Saint-Simon............................... 127

DEUXIÈME NOTICE

ENFANTIN

I

(1796-1825)

Naissance de Barthélemy-Prosper Enfantin................ 135

Ses études au lycée de Versailles, au lycée Napoléon et son admission à l'École polytechnique.................. 136

Son voyage de commis du commerce en Allemagne, ses liaisons d'amitié avec M. Arlès-Dufour.................. 137

Ses correspondances avec M. Pichard....................... 138

Retour en France, ses préoccupations financières et économiques, il souscrit au Catéchisme des industriels....... 143

Projet relatif à la conversion des rentes de l'État présenté à M. de Villèle, réception d'Enfantin par ce ministre, note d'Enfantin à ce sujet............................... 144

Sa correspondance avec M. Laffitte pour le même motif... 146

II

(1825-1826)

Pages.

Présentation d'Enfantin à Saint-Simon par Olinde Rodrigues.. 149

Fondation du journal le *Producteur*, par Rodrigues et Enfantin, et liste des actionnaires..................... 150

Lettre de M. le général Saint-Cyr Nugues à ce sujet..... 451

Lettre d'Enfantin à sa cousine Mlle Thérèse Nugues, sur le même sujet... 452

Autre lettre à M. Pichard, relative à la publication du journal le *Producteur*... 455

Premiers articles d'Enfantin insérés dans le *Producteur*. Autres rédacteurs de cette publication................. 459

Nouvelle lettre d'Enfantin à Pichard, à propos des huit premiers numéros du *Producteur*....................... 460

Opposition de Benjamin Constant à la nouvelle doctrine.. 463

Autre lettre d'Enfantin à Pichard............................ 464

Première réunion chez le rédacteur en chef du *producteur*. Laurent y est présenté par A. Carrel.............. 466

Lettre d'Enfantin à Pichard, sur la doctrine............... 467

Fragment de lettre d'Enfantin à sa cousine Thérèse, par lequel il lui apprend qu'il est nommé liquidateur de la maison Chaptal.. 469

Articles d'Enfantin insérés dans le premier volume du *Producteur*... 470

Retraite de Cerclet... 470

Prospectus rédigé par Enfantin, à cette occasion......... 474

Lettre d'Olinde Rodrigues à Enfantin, à propos du *Producteur*... 174

État général de tous les articles publiés dans ce journal... 175

Des différentes rencontres chez Lafayette et discussion de Bazard avec Benjamin Constant....................... 484

Suspension du *Producteur* et circulaire à ce sujet....... 482

III

(1826-1827)

Pages.

Réflexions sur les premières tentatives de prosélytisme saint-simonien...................................... 185

Lettre d'Enfantin à Pichard, sur ce sujet............... 188

Lettre de Resseguier adressée à Rodrigues, Enfantin, Bazard, Laurent, Buchez et Rouen..................... 190

Réponse par Enfantin..................................... 193

Première préoccupation religieuse des rédacteurs du *Producteur* 199

Fragment de lettre d'Enfantin à Bailly sur ce sujet....... 200

Autre à Resseguier sur ce sujet......................... 207

Mort d'Auguste Enfantin, lettres à ce sujet............. 207

Appel de Bazard à Enfantin pour presser celui-ci à hâter son retour au milieu d'eux.......................... 210

Lettre de Buchez sur le même sujet.................... 211

Réponse d'Enfantin..................................... 213

IV

(1828)

Projet de dictionnaire philosophique.................... 216

Réunion chez Carnot et à la Caisse hypothécaire, où Enfantin venait d'être appelé à remplir les fonctions de caissier.. 218

Fragment de lettre d'Isaac Péreire à Resseguier......... 219

Lettre d'Enfantin à sa cousine Thérèse, relative à la question religieuse....................................... 221

DEUXIÈME VOLUME

IV

(Suite)

(1828)

Lettre d'Enfantin à sa cousine Thérèse, dans laquelle lettre, à la suite de réflexions sur les affaires de sa famille, il affirme la nouvelle foi qui l'anime................... 8

Pages.

Préoccupations de la reprise du *Producteur*............ 7
Souscription à ce sujet et lettre d'Enfantin à Pichard..... 7
Efforts d'Enfantin pour faire partager ses idées à sa fa-
    mille... 14
Lettre du père d'Olinde Rodrigues, son opposition à ces
    mêmes idées.. 14
Nouvelle lettre d'Enfantin à sa cousine, relative à la doc-
    trine.. 17
Eugène Rodrigues, Isaac Péreire, formation du collége... 23
Discours d'Eugène à ce sujet............................ 24
Note d'Henri Fournel sur la séance où fut prononcé ce
    discours.. 28

V

(1829)

Première exposition publique des idées saint-simoniennes,
    préparée dans le collége et faite par Bazard........... 29
Lettre d'Enfantin à sa cousine, continuation de l'exposi-
    tion des idées religieuses de la doctrine.............. 31
Envoi des ouvrages : la *Palingénésie sociale* et le *Nouveau
    Monde industriel*, à l'école, par Ballanche et Fourier;
    lettre d'Enfantin à Ballanche à ce sujet.............. 38
Réponse de Ballanche.................................. 41
Lettre d'Enfantin à sa cousine sur la politique et la philo-
    sophie moderne...................................... 42
Réponse du général Saint-Cyr à Enfantin, son opposition
    aux idées saint-simoniennes 46
Enfantin au général sur le même sujet.................. 50
Fondation de l'*Organisateur* par Laurent.............. 57
Citation d'un article de ce journal..................... 58
Lettres d'Enfantin à Charles Duveyrier, au sujet d'Eugène
    Rodrigues et de l'affection de celui-ci pour une jeune
    personne dont il voulait faire sa femme.............. 63
Départ d'Enfantin pour un voyage dans le midi, et lettre à
    Picard, un de ses anciens condisciples, alors à Saint-
    Pétersbourg... 65

Pages.

Fragment de lettre d'Enfantin à Eugène Rodrigues, l'engageant à mettre plus de réserve dans l'émission des vieilles formules.................................... 68
Lettre d'Olinde Rodrigues à Enfantin, lui faisant part des modifications à introduire dans les jours de réunion et de quelques observations sur les personnes composant ces réunions, et principalement sur Margerin, Eugène et Buchez... 69
Réponse d'Enfantin à ce sujet........................ 71
Suite de fragments de lettres d'Enfantin à Eugène et à sa cousine Thérèse, pendant son voyage, lettres se rapportant à l'œuvre apostolique de propagande saint-simonienne.. 72
Visite d'Enfantin à Resseguier, ses réflexions à ce sujet... 83
Récit qu'il fait de sa réception à Castelnaudary........ 84
Conversation d'Enfantin et de Resseguier avec un industriel de Carcassonne................................ 85
Lettre d'Enfantin à Buchez sur les incidents apostoliques de son voyage...................................... 87
Rentrée d'Enfantin à Paris............................ 94
Fragment de lettre d'Enfantin à Resseguier au sujet de l'admission des dames dans les réunions............. 95
Correspondance d'Enfantin avec un de ses anciens camarades de l'École polytechnique, avec note explicative du caractère de cette correspondance................. 101
Autre correspondance d'Enfantin avec madame Torombert, suivie d'une note du même Enfantin, constatant que c'est à dater de cette époque que toutes ses idées sur les femmes se transformèrent................................ 108
De la hiérarchie, note d'Enfantin à ce sujet............ 110
Attitude négative de Buchez à l'égard de cette constitution de hiérarchie................................ 112
Séance à ce sujet, déclaration d'Olinde Rodrigues et proclamation de Bazard et d'Enfantin, chefs de la doctrine... 113
Détails de cette séance adressés à Resseguier par Charles Duveyrier....................................... 118

VI

(1830)

	Pages.
Dissidence de quelques membres du collége, lettre de Duveyrier à Resseguier sur ce sujet	121
Lettre de Bazard aux dissidents	122
Mort d'Eugène Rodrigues et de Vandermarck	126
Lettre de Duveyrier à Resseguier sur ces tristes événements	126
Lettre d'Enfantin à sa cousine sur le même sujet	128
Considérations religieuses sur la vie au point de vue du saint-simonisme	131
Appel de secours pécuniaires, nécessités par les frais de propagande, allocution d'Enfantin à ce sujet	137
Lettre du même à Resseguier, avec une note sur Dugied.	138
— dans le même sens à Dufrène et à Thibaudeau	140
Note sur M. Vieillard	142
Fragment de lettre d'Enfantin à Burn sur la nécessité d'un nouveau dogme	145
Autre lettre d'Enfantin à Mme Alluaud sur la mort de son frère Félix Vandermarck	147
Autre lettre d'Enfantin à la veuve de ce dernier sur le même sujet	150
Autre lettre d'Enfantin à Henri Fournel sur l'état du collége et l'extension de la propagande	154
Envoi d'une brochure de Barrault, avec quelques lignes d'Enfantin, à M. Dubois, rédacteur en chef du *Globe*	158
Même envoi au docteur Bailly, à Constantinople, avec lettre d'Enfantin	160
Suite de lettre d'Enfantin à Duveyrier, donnant la série de tous les faits qui s'accomplissaient au sein du collége, à cette époque	163
Lettre d'Enfantin à son père sur les affaires privées de celui-ci	175
Lettre d'Enfantin à sa mère sur l'ambition qu'elle lui reprochait	176

Pages.

Du diaconat et de sa réussite................................   178
Lettre d'Enfantin à Resseguier donnant quelques détails
    sur le mouvement du collége...............................   179
Fragment de lettre d'Enfantin sur le même sujet........   181
            —   à Mlle Saint - Hilaire et à
    d'Eichthal....................................   182
Apparition des ordonnances de Charles X, détermination
    de Bazard et d'Enfantin de ne prendre aucune part à
    cette lutte fratricide et circulaire adressée à tous les
    saint-simoniens écrite dans cet esprit................   186
Observations et note d'Enfantin sur la conduite de divers
    membres du collége à ce moment....................   191
Démarche de Bazard à l'Hôtel-de-Ville ; son entrevue avec
    le général Lafayette...............................   196
Proclamation des saint-simoniens affichée dans Paris....   198
Lettre d'Enfantin aux saint-simoniens de province......   201
    — du même à Resseguier en réponse à un blâme qu'on
    croit porté contre la conduite du collége dans les der-
    niers événements.................................   220
Déclaration solennelle de Bazard et d'Enfantin à ce sujet...   222

TROISIÈME VOLUME

VII

(1830)

(août-octobre)

Lettre de Bazard à Resseguier au sujet de l'improbation de
    ce dernier, des démarches politiques du collége.......   2
Discours prononcé le 22 août en réponse à la précédente
    improbation....................................   12
Lettre d'Enfantin à Hoart, dans laquelle est affirmée la cons-
    titution religieuse de la doctrine....................   18
Autre du même à son père, lui faisant l'énumération des
    hommes distingués composant le collége et donnant des
    détails sur les travaux déjà accomplis................   23

Pages.

Luttes douloureuses d'Enfantin avec sa famille, par rapport à sa mission apostolique......................   27

Lettre du père et de la mère de ce dernier à ce sujet....   29

Tableau de la division des partis politiques après 1830...   34

Fragment d'un article de Michel Chevalier sur la métaphysique libérale, article inséré dans l'*Organisateur*......   37

Autre de d'Eichthal sur les coalitions ouvrières........   39

Discours de Laurent sur la division des partis et les troubles populaires de cette époque........................   41

Lettres d'Enfantin à Fournel et à Resseguier sur l'extension de la propagande........................   46 et 50

VIII

(1830)

(novembre-décembre)

Lettre à Edmond Talabot, sur la prise de possession du *Globe*.   54

Lettre sur le même sujet à Michel Chevalier............   57

Appel de Transon à Jean Reynaud et réponse de celui-ci..   58

Lettre de Fournel, haut témoignage de dévouement à la
doctrine...   62

Défection de Lherminier, lettre d'Enfantin à ce sujet....   64

Incident grave relatif à un dissentiment élevé entre Mme Bazard et Jules Lechevalier, deux notes d'Enfantin à ce
sujet...   72

Lettre de ce dernier à Mme Bazard, sur le même sujet....   75

IX

(1831)

(janvier-juin)

Lettre d'un disciple au maître sur l'absorption des inférieurs dans le supérieur........................   78

Réserve à ce sujet produite par un membre du collége...   80

Réponse de Bazard et d'Enfantin à ces deux manifestations.   84

Pages.

Profession de foi de Pierre Leroux, insérée dans le *Globe*..   92

Ce journal devient l'organe de la doctrine saint-simonienne.   86

Lettre d'Enfantin à Resseguier sur les divers incidents du mouvement apostolique, et en note une lettre de Jean Reynaud   87

Lettre de Margerin rendant compte de sa mission........   94

Mission de Laurent en Belgique, et son refus, d'accord avec Carnot, Leroux et Dugied, de signer une proclamation rédigée par Margerin.....................................   96

Opposition tumultueuse aux enseignements saint-simoniens à Bruxelles, et lettre de Margerin à ce sujet......   96

Pétition des saint-simoniens au congrès de Bruxelles....   101

Réponse de l'administration...........................   102

Déclaration aux Belges par Margerin, Laurent, Carnot, Dugied et Leroux..................................   106

Prédication de Laurent à Liége........................   107

Réunion générale de la famille de Paris, allocution d'Enfantin...   108

Instruction à ce sujet insérée dans l'*Organisateur*.......   113

Fragment d'un rapport de Mme Bazard, adressé aux chefs de la doctrine, déplorant le peu de progrès de son enseignement...   115

Lettre d'Enfantin à Resseguier, excitant celui-ci à la propagande...   118

Troubles des enseignements à la salle de la Redoute, intervention de la police à ce sujet....................   121

Note du *Moniteur*, réponse des chefs de la doctrine......   123

Manifestations tumultueuses à Montpellier contre les missionnaires; article du *Globe* à ce sujet et annonce d'une nouvelle mission...................................   126

Lettre d'Enfantin à Duguet, quelques conseils sur la vie pratique apostolique................................   129

Autre du même à Resseguier sur le mouvement des missions.   131

Article du *Globe* sur le même sujet....................   134

Compte rendu du journal le *Courrier des Pays-Bas*, relatif aux enseignements de Duveyrier à Louvain, suivi d'un état général du mouvement des missions............   138

Lettre de Jean Reynaud à Charton, lui faisant part de ses

travaux apostoliques et de sa tristesse d'être sans nou-
    velles des chefs de la doctrine....................... 143
Fragment de lettre d'Enfantin se rapportant au diaconat. 146
Note d'Enfantin sur une hérésie de Margerin............ 148
Fragment de lettre du même à ce sujet................. 149
Du même à Duveyrier, sur le mouvement des missions.. 150
Idem de Bazard au même, sur la conduite de Margerin... 152
Lettre d'Enfantin à M. Morin de Genève, lui donnant le
    résumé de l'histoire de sa vie...................... 154
Autre à sa cousine, où il mêle aux choses intimes de la vie
    de famille, les grandes questions de la doctrine........ 164
Fragment d'une prédication d'Abel Transon, sur l'éduca-
    tion 164
Passage de Duveyrier à Mons, exposition improvisée des
    principes de la doctrine............................ 169
Enseignements, par Jules Le Chevalier et Capella, à Dijon,
    et citation en note, d'une lettre du frère de Lacordaire,
    qui se trouvait au nombre des auditeurs.............. 171

X

(1831)

(juillet-août)

Communion générale de la famille, du 3 juillet........... 176
Discours de Bazard, sur les progrès de la propagande, les
    diverses missions accomplies et le classement des femmes
    et des hommes en égalité de fonctions dans la hiérarchie. 177
Autre discours d'Enfantin sur les questions religieuses et
    la fondation de l'église saint-simonienne de Toulouse.. 187
Lettre de Hoart au ministre de la guerre au sujet de sa
    démission 190
Discours d'Olinde Rodrigues sur la fondation de l'église
    de Belgique.. 191
Allocution de Fournel, relative à la direction confiée à ses
    soins...
Rapport d'Enfantin sur différentes missions du Midi..... 193
Sur le passage des saint-simoniens à Besançon (en note). 194
Allocution de Mme Cécile Fournel...................... 194

Pages.

Prédication de Barrault............................... 198
Discours de Michel Chevalier......................... 200
—   Carnot................................. 201
—   Ch. Duveyrier...... 203
—   Edmond Talabot.................... 205
—   Fournel.............................. 206
—   Mme Fournel......................... 209
—   d'Eichthal........................... 211
Adoption des enfants, discours d'Olinde Rodrigues.......... 215
Discours d'Enfantin................................... 216
—   Bazard............................... 217
—   Mme Claire Bazard................... 218
—   Olinde Rodrigues..................... 224
Fragment de lettre d'Enfantin à Duveyrier, exprimant ses
    préoccupations sur l'enthousiasme produit par le
    culte... 229
Fragment d'une prédication de Barrault.................. 238
Programme du journal le *Globe* et indication nominative
    de ses rédacteurs................................. 234

QUATRIÈME VOLUME

XI

(1831)

(août-septembre)

État des esprits à cette époque........................... 1
Discours royal présumé, à l'ouverture des Chambres, inséré
    par anticipation dans le *Globe*..................... 2
Discours que l'école aurait voulu entendre prononcer.... 9
Critique du discours réel............................. 20
Placard affiché dans Paris, offrant des travaux aux ouvriers
    et appel aux banquiers................................ 21
Article du *Globe* à ce sujet........................... 23
Lettre de Michel Chevalier au *Journal des villes et des
    campagnes* qui attribuait ce projet aux saint-simoniens. 24

Pages.

Multiplication des missions et fragment de lettre de Th.
Bac... 26
Défaillance d'Abel Transon et note d'Enfantin à ce sujet.. 27
Lettre du maître au disciple............................ 28
Réflexions sur la précédente lettre appuyées sur les prédi-
cations de Transon.................................... 34
Questions sur la vie future et les rapports sociaux de
l'homme et de la femme................................ 35
Fragment de lettre d'Enfantin à sa mère, sur la dernière
question... 36
Préoccupations des membres du collége et note à ce sujet.. 38
Incidents relatifs au service de la garde nationale ; atta-
ques du *Messager*, réponse du *Globe*, citation d'une lettre
à l'appui de cette réponse............................ 40
Bazard frappé de congestion cérébrale.................. 42

XII

(1831)

(septembre-octobre)

Réflexions sur les travaux de l'école qui, malgré les dissi-
dences, continuaient leur marche progressive........ 43
Rapport de d'Eichthal sur la situation financière........ 44
   — de Stéphane Flachat sur les travaux de la famille. 55
Sommaire du rapport fait par les directeurs de l'enseigne-
ment Carnot et Dugied............................... 75
Rapport de Fournel sur le degré des ouvriers........... 80
Observations de Louis Blanc sur les progrès du saint-
simonisme... 87
Caractère apostolique du journal le *Globe*............. 88
Prédication de Laurent sur l'esprit religieux de l'école... 90
Deux notes de réflexions sur le mot de M. Thiers, le *monde
ne change pas*...................................... 96
Lettre d'un ingénieur contenant diverses observations ami-
cales sur la doctrine................................ 102
Autre de M. Paulin T... dans le même esprit et sur le même
sujet... 107

Pages.

Premier mariage saint-simonien, allocution du père Enfantin...   111

Cérémonie de l'inhumation de Léontine Simon...........   114

Paroles de Jules Le Chevalier à ses fils, sur ce sujet.....   115

Réflexions sur l'immense responsabilité morale, prise par
  le père Enfantin...   117

Lettre de Bazard et d'Enfantin, au Président de la Chambre des députés, relativement aux attaques de M. Mau-
  guin...   119

Note d'Olinde Rodrigues sur le mariage et le divorce, lue
  dans la séance du 17 octobre................................   126

Nombreux débats que cette note suscite dans le collége
  et réflexion de Louis Blanc sur ce fait....................   135

Dissidence entre les deux chefs de la doctrine, et adresse
  qui leur est présentée à ce sujet...........................   139

Circonstance qui donna lieu à cette adresse................   151

XIII

(1831)

(novembre)

Réconciliation momentanée et rupture définitive des
  deux chefs de la doctrine, racontées par Fournel......   155

Deux incidents relatifs à Jean Reynaud....................   156

Convocation générale des membres de la famille par Enfantin, et exposé par lui des faits relatifs à ses dissentiments avec Bazard..   158

Interruption de Pierre Leroux, continuation du discours
  d'Enfantin...   159

Nouvelle interruption de Leroux, réplique d'Enfantin suivie
  de quelques paroles de Laurent, Barrault, Carnot, de la
  déclaration de Jules Lechevalier de ne plus appartenir à
  la doctrine, et enfin des explications d'Enfantin relatives
  à son appel aux femmes......................................   160

Réplique de Jules Lechevalier motivant sa séparation; il
  rappelle les différents incidents de sa vie apostolique...   163

Après quelques paroles d'Enfantin, Abel Transon donne

Pages.

lecture d'une lettre de lui à Jules Lechevalier, et déclare
se retirer..   172
Colloque à ce sujet entre lui et Enfantin.,............   173
Michel Chevalier et Ch. Duveyrier répliquent à Transon...   176
Réponse de celui-ci et de Jules Lechevalier, après lesquelles Pierre Leroux renouvelle sa protestation.......   176
Protestation de Cazeaux dans un autre sens que les précé-
dentes   177
Après des efforts d'Enfantin pour faire expliquer Cazeaux
sur sa protestation, Laurent prend la parole pour faire
comprendre que la théorie d'Enfantin n'est pas une
loi qu'il impose, mais seulement une forme en rapport
avec son appel aux femmes............................   177
Violente allocution de Jean Reynaud contre la personnalité du père Enfantin, ainsi que contre la théorie qu'il
a émise...   179
Réplique du père Enfantin à Jean Reynaud, réponse de
celui-ci, vive discussion entre une grande partie des
membres du collége, le Père se résume en émettant le
désir qu'on mette fin à toute discussion...........   180, 183
Séance du lundi 21 novembre. Le père Enfantin donne la
parole à Cazeaux qui déclare ne plus être en communion
avec le père Enfantin; après lui, Fournel explique les
motifs qui le font assister à la séance................   184
Discussion à ce sujet, demande de Saint-Chéron de pouvoir motiver sa retraite, réponse du Père Enfantin,
exposé des motifs qui ne permettent pas de laisser se
produire toutes les protestations qui entravent le travail
de la constitution de la doctrine.....................   185
Interruptions de plusieurs protestants...............   192
Colloque entre le Père Enfantin, Jules Lechevalier et
Charton..   194
Nouvelle interruption des protestants...............   194
Discussion entre quelques membres du collége..........   195
Après quelques mots de Rodrigues, les protestants se reti-
rent, et le Père prend la parole......................   197
Il expose la nécessité d'un nouvel apostolat, annonce la

Pages.

rentrée d'Olinde Rodrigues et la haute fonction dont il
est investi dans la hiérarchie...................... 197
Allocution d'Olinde à ce sujet....................... 201
Cérémonie du 27 novembre, discours du Père Enfantin
annonçant la voie nouvelle dans laquelle entre la doc-
trine.. 203
Appel d'Olinde Rodrigues, sa profession de foi et exposition
de la mission industrielle et financière qu'il faut accom-
plir.. 208
Projet d'association financière...................... 219
Improvisation de Barrault........................... 224
Note relative à l'insurrection de Lyon............... 230
Incident relatif à la présence de Jean Reynaud à la réunion
et improvisation de Henri Baud..................... 235

CINQUIÈME VOLUME

XIV

(1831)

(novembre-décembre)

Circulaire annonçant les changements survenus dans l'organisation de la hiérarchie, adressée en province..... 2
Lettre du père Enfantin, ajoutée à la circulaire et s'adres-
sant plus particulièrement à l'église de Montpellier.... 11
Continuation des réunions à la salle Taitbout. — Prédication de Barrault, exposant les faits qui s'étaient passés et
répondant aux attaques des adversaires de la doctrine.. 14
Incident sur un coup de sifflet qui vint interrompre le
prédicateur, et reprise de la parole par Baud......... 19
Celui-ci s'attache à caractériser religieusement l'appel
financier de Rodrigues et à présager le glorieux avenir
du peuple.. 20
Allocution du père Enfantin bruyamment interrompue par
des rires, continuation de l'allocution et nouvelle interruption, demande de la parole au père Enfantin par

Pages.

Baud, et vigoureuse apostrophe de celui-ci aux auteurs
du scandale...   24
Un des contradicteurs ose se faire connaître, haute leçon
de moralité que lui donne le prédicateur, par le tableau
des misères et des humiliations des femmes; le père
Enfantin clôt la discussion................................   26
Réflexions à ce sujet.— Réponse de Laurent à Chateaubriand
à propos de ses attaques contre les saint-simoniens....   29
Note relative aux emprunts que fit plus tard à la doctrine
ce même Chateaubriand qui l'avait attaquée............   36

XV

(1831)

(décembre)

Réflexions sur les changements qui venaient de s'accomplir
au sein de la doctrine pour expliquer que cette transformation n'avait altéré en rien la foi primitive des dissidents..   38
Prédications de Transon et de Laurent à l'appui de cette
explication..   41
Admonestation apostolique du père Enfantin à Mme Véturie
sur ce que le nouveau dogme aurait éloigné de la famille
un grand nombre de ses enfants...........................   54
Lettre du même à Olivier et à Simon, les renseignant sur
différents incidents qui se passent dans la famille......   58
Troisième lettre sur le même sujet.........................   59
Lettre de Lamoricière à propos de la scission survenue
entre les deux chefs de la doctrine et réclamation qu'il
y fait en faveur de l'abolition de l'esclavage des nègres.   64
Note à ce sujet..   65
Autre lettre du capitaine Lefranc sur les progrès de la propagande en Algérie..   67
Seconde lettre de Lamoricière, manifestant son impatience
de ne pas recevoir les publications de la doctrine et
exposant différentes considérations sur les nécessités encore longtemps imminentes de la guerre...................   72

XVI

(1832)

(janvier)

Pages.

Réflexions sur une nouvelle division qui se manifestait entre le chef suprême de la doctrine et deux membres de la famille, par rapport à la ligne politique que suivaient les rédacteurs du *Globe*.   75

Ce que disait un de ces deux contradicteurs   77

Nouvelle formule ajoutée à celles placées en tête du journal *le Globe*, réclamations de Transon et de Laurent à ce sujet et demande au père Enfantin de diriger le journal d'après les principes qu'ils exposent   84

Retraite de Transon et fragment d'un opuscule la motivant   85

Lettre de Laurent au père Enfantin motivant aussi sa retraite de la hiérarchie   86

Nouvelle affirmation et constatation que ces dissidents gardaient toujours religieusement leur foi saint-simonienne   88

Lettre de la mère du chef suprême de la doctrine à propos d'un article de Charles Duveyrier que *le Globe* inséra le 12 janvier   91

Paragraphe d'une lettre du père Enfantin à une dame venant de perdre son enfant   93

Note du père Enfantin au sujet de la précédente lettre   95

Lettre de Michel Chevalier à M. Latouche, rédacteur *du Figaro*, à la suite de deux attaques de ce journal   97

Lettre d'Auguste Comte relative à un article *du Globe*, exposition amère de ses relations avec Saint-Simon, et réclamation dans le même esprit   108

Réponse de Michel Chevalier rétablissant les faits erronés contenus dans la précédente lettre, et rappel de son auteur à la reconnaissance   112

Extrait de l'avertissement d'Auguste Comte à l'appui des faits cités dans la réponse de Michel Chevalier   120

Extrait de la préface de Saint-Simon, même sujet   121

Pages.

Idem d'une note de Gustave d'Eichthal à l'occasion d'Auguste Comte... 122

Enseignements faits par le père Enfantin, résumé de ces cinq enseignements publiés dans *le Globe*............ 125

Le premier rappelant les travaux accomplis par Saint-Simon, les lettres d'Eugène Rodrigues, les diverses transformations trinaires du dogme, et enfin le caractère du nouvel apostolat............................... 125

Le deuxième constatant l'immense progrès du nouveau christianisme sur l'ancienne théologie et développant le principe religieux de la réhabilitation de la chair basé sur la foi de la vie éternelle de l'humanité sur la terre.. 126

Le troisième comprenant l'accord de la liberté et de l'autorité, et la haute question de la loi vivante......... 130

Le quatrième, continuation des pensées sur la loi vivante... 137

Le cinquième donnant l'explication des théories morales nouvelles 138

Sommaires des enseignements suivants rédigés par le père Enfantin... 140

Réunion du degré des industriels, séance du 1er janvier. — Allocution du Père suprême.— Après l'invitation que lui fait le Père, Olinde Flachat présente au Père suprême son travail sur l'installation des chefs de la propagande parmi les industriels........................... 150

Allocution du père Enfantin à ce sujet................ 151

Profession de foi de Mme Julie F.... et détails sur sa vie complétés par Olinde Rodrigues 155

Le père Enfantin adresse quelques paroles à la précédente dans lesquelles il exprime son désir d'associer la femme aux travaux apostoliques des hommes dans la doctrine. 157

Manifestation saint-simonienne de Lemeure, ouvrier tailleur 158

Colloque entre le père Olinde et Flachat à son sujet...... 159

Allocution d'Olinde Rodrigues sur les faits passés de la doctrine et sur les travaux de l'apostolat à venir..... 159

Mme Julie F ... reprend la parole sur quelques faits de sa vie publique.. 160

Pages.

Discours de Lemeure sur les misères du peuple et la mendicité. Réponse du père Olinde Rodrigues et glorification de Saint-Simon à propos de cette mendicité à laquelle il fut assujetti lui-même 164

Prédication de Retouret 165

Poursuites dirigées contre le Père suprême et Olinde Rodrigues.. 170

Envahissement de la maison de la rue Monsigny et de la salle Taitbout. — Allocution de Barrault, au sein de l'assemblée réunie. — Interruption du procureur du roi chargé de cette mission........................ 170

Relation des divers incidents de ces poursuites judiciaires insérée dans le journal *le Globe*.................... 173

Annonce de l'emprunt saint-simonien insérée dans *le Globe*, suivie d'une lettre de M. Louvet de Martincourt souscrivant à cet emprunt 179

Quelques réflexions sur ces poursuites.................. 180

Article du *Globe* à ce sujet; il déplore la marche rétrograde dug ouvernement............................ 181

Note relative à la rencontre de Transon et de Laurent à la rue Monsigny.................................... 186

Extrait du *Globe* relatif à la procédure et note insérée dans la même feuille relatant une réponse du père Enfantin sur un principe de la foi nouvelle.................... 187

Comparution du père Enfantin et d'Olinde Rodrigues devant le juge d'instruction, interrogatoire et réponse des chefs de la doctrine................................ 190

Fausses allégations de la *Gazette des tribunaux* relativement à cet interrogatoire 194

Paragraphe d'une réponse adressée au rédacteur, par Baud à ce sujet, suivi d'un article d'Isaac Péreire, inséré dans *le Globe*, et intitulé: crédit imaginaire.......... 196

Autre attaque par le journal, le *Sténographe*, autre réponse d'Isaac Péreire.................................. 201

Récrimination du même journal, contre le démenti donné par Isaac.................................... 204

La *France nouvelle* continuant les mêmes imputations malveillantes. Réponse par Adolphe Guéroult........ 207

Pages.

Note constatant les marques de sympathie que provo-
quaient ces dénigrements.......................... 208
Marques générales d'intérêt de la presse libérale en faveur
des victimes de ces poursuites judiciaires et des attaques
mensongères des partis légitimistes et doctrinaires..... 209
Série de lettres des départements à cette occasion envoyées
par tous les saint-simoniens en mission et affirmant leur
foi dans les chefs de la doctrine.................... 210
Note relatant plusieurs manifestations religieuses semblables... 213
Lettre de Duveyrier et de d'Eichthal au père Enfantin sur
les progrès immenses de leur propagande en Angleterre. 214
Note sur un article du *Morning chronicle* donnant des dé-
tails honorables sur les saint-simoniens............... 215
Sommaire du quinzième enseignement, rédigé par le père
Enfantin.. 217
Fragment de lettre du père Enfantin à Pichard, qui venait
de perdre son fils unique........................... 221
Publication dans *le Globe* des sommes apportées en dons
au saint-simonisme, jusqu'au 31 janvier 1831......... 221
Quelques considérations sur les divergences des caractères
du père Enfantin et du père Rodrigues, et interprétation
que chacun d'eux faisait de l'application des théories
morales nouvelles.................................. 224
Allocution du père Enfantin à ce sujet................. 225
Rodrigues annonce sa séparation d'avec le père Enfantin
et quelques lignes de Bazard à ce sujet............... 229
Lettre du même à Rességuier et note constatant l'erreur
dans laquelle Bazard était tombé, traitant avec dédain
les hommes restés fidèles au chef suprême de la doctrine. 229
Dix-huitième enseignement du père Enfantin. Remarque,
en note, sur cet enseignement...................... 231
Autre note sur le dix-huitième enseignement........... 232
Article du *Globe* du 19 février, rapportant exactement
toutes les pièces annoncées par le Père suprême, commençant par la lettre aux saint-simoniens............ 234
Lettre aux chefs des églises des départements sur la scission
de Rodrigues...................................... 236

Pages.

Manifeste d'Olinde Rodrigues aux saint-simoniens....... 240

Lettre du père Bazard à Michel Chevalier, snr une appréciation de sa vie morale, insérée dans *le Globe*........ 243

Lettre de Michel adressée aux chefs des églises, leur annonçant qu'il était appelé par le Père à la *direction des intérêts politiques* et financiers de la doctrine........... 247

SIXIÈME VOLUME

XVII

(1832)

(février)

Réflexions sur les deux abandons successifs du père Enfantin comparés à celui qu'avait éprouvé Saint-Simon,
abandons qui n'altèrent en rien la foi primitive des
adeptes...   4

Remarque sur ce qu'avait dit Charton dans ses mémoires
se rapportant à cette immuabilité de foi dans la doctrine.   6

Le père Enfantin ne contestait à aucun dissident cette foi
en Saint-Simon. — Ses réflexions à ce sujet adressées à
d'Eichthal...   7

Manifeste publié dans *le Globe* par Michel Chevalier, donnant
le résumé des travaux accomplis, de ceux à accomplir,
de la nouvelle organisation de la rédaction du journal et
indiquant la voie politique et financière dans laquelle
entre la doctrine.....................................   11

Lettre d'adhésion à la nouvelle forme apostolique et de
dévouement au père Enfantin, par Lemonnier.........   21

Autre dans le même esprit de Massol et Ribes..........   23

Idem de G. Cazeaux................................,   24

Idem de T. H. Voir en note Humann fils..............   25

Idem de Génevoix sur la mort de Hugues Blanc et note à
ce sujet...   26

Lettre de G. West à Bouffard, nouvelle adhésion à l'apos-

Pages.

tolat de l'appel des femmes constitué par le père Enfantin 29
Déclaration de Hoart à l'église de Toulouse au sujet de la retraite d'Olinde Rodrigues, et allocution sur les vicissitudes de tout apostolat 31
Démission de Bruneau, capitaine d'état-major, au ministre de la guerre, et déclaration des principes religieux sur lesquels s'appuie cette démission 32
Profession de foi de Rousseau, lettre au père Enfantin ... 33

XVIII

(1832)

(mars)

Le père Enfantin et Michel Chevalier sont appelés devant M. Barbou, juge d'instruction ; — compte rendu de cet interrogatoire inséré dans le *Globe* 35
Nouvelle publication d'Olinde Rodrigues, son appel aux saint-simoniens, sous ce titre : le *disciple de Saint-Simon au public* 41
Réponse de d'Eichthal à cet appel 48
Réflexions sur l'erreur d'Olinde Rodrigues et de Bazard méconnaissant l'action puissante que donnait à la doctrine l'exaltation prophétique du père Enfantin 51
Exposition du système de la Méditerranée, politique nouvelle 55
Articles de Michel Chevalier insérés dans *le Globe* 55
Communications, les *chemins de fer* 58
Système général 63
Espagne 64
France et Angleterre 66
Allemagne, Turquie d'Europe 69
Russie 73
Asie et Afrique 76
Autres travaux 79
Frais de réalisation 80

Pages.

En note, évaluation de la dépense d'un chemin de fer...   84

Conclusion et observations de Michel Chevalier, sur les succès déjà obtenus par leur politique saint-simonienne, notamment sur la non-utilité de l'amortissement et sur les bienfaits d'un impôt progressif appliqué aux successions.   92

Observations rétrospectives de Félix Tourneux, chef de l'église de Metz, adressées au père Enfantin relatives aux défections de J. Lechevalier, de Transon, de Jean Reynaud et compte rendu d'un enseignement fait par lui Tourneux sur le fouriérisme et ce qui le sépare de la doctrine saint-simonienne; désir qu'on s'occupe de cette question.....................................   96

Réponse de Guéroult qui, après avoir fait le tableau rapide de différentes évolutions de l'esprit humain à la recherche de la rénovation sociale et religieuse, et après avoir passé en revue la liste des penseurs et des savants de toute l'Europe, arrive à Charles Fourier, et trace d'une main vigoureuse la ligne de démarcation qui sépare ce dernier de Saint-Simon...................   97

Continuation des poursuites judiciaires contre les membres de la doctrine.................................   102

Appréciation de la doctrine saint-simonienne et des disciples de cette école par la *Gazette d'Ausbourg*........   103

Lettre d'Henri Fournel au père Enfantin, revenant sur sa séparation et affirmant à nouveau sa foi profonde dans le chef suprême de la doctrine.....................   109

Commentaire de Michel Chevalier ajouté à la précédente lettre et inséré dans le *Globe*.....................   110

Degré des industriels — instruction pour la propagation — établissement des sections.....................   111

Limite de centres ou sections.....................   112

Personnel de direction.....................   113

Personnel de propagation.....................   114

Hiérarchie du degré des industriels.....................   115

Insertion dans le *Globe*, sous la forme d'une lettre à Michel Chevalier, de la *protestation* du père Enfantin contre la moralité des hommes qui l'accusaient d'être un homme immoral.....................   118

XIX

(1832)

(avril)

	Pages.
Article inséré dans le *Globe* le 2 avril sous le titre : le *choléra à Paris*	120
Autre article sur la distribution des eaux dans la capitale.	124
Sur les grands travaux à y exécuter, percement de la rue du Louvre à la Bastille	126
Assainissement des quartiers avoisinant la Seine, article du *Globe*	128
Série de lettres amicales adressées aux principaux membres de la doctrine par l'élite des jeunes gens de cette époque qui deviendront de savants ingénieurs plus tard.	129
Liste des anciens élèves de l'école polytechnique qui entretenaient des correspondances avec le directeur du *Globe* ou avec d'autres membres de la société saint-simonienne et le Père suprême	131
En note, deux lettres du commandant Durand	132
Idem, démission de Gouguet adressée au ministre de la guerre	133
Démission de Tourneux	135
Lettre de M. Desroches-Latil à Michel Chevalier, le félicitant sur ses articles de politique générale	136
Fragment de lettre du même au même	140
Rapport de Barrault et Duveyrier, au père Enfantin, sur une visite faite par eux au rédacteur de la *Gazette des tribunaux* qui avait attaqué les saint-simoniens	141
Autre de Michel Chevalier et inséré dans le *Globe* relatif aux renseignements demandés par le père Enfantin sur les personnes chargées de le juger	143
Extrait d'un article du *Globe* intitulé *fin du choléra* par un coup d'État	147
Idem, suite	151
Lettre adressée au procureur du roi par Michel Chevalier offrant la salle Taitbout pour servir d'ambulance aux cholériques	153

Pages.

Projet de rapport du ministre des travaux publics au roi
Louis-Philippe au sujet de l'émeute de Lyon, article in-
séré dans le *Globe*, par Henri Fournel............... 155
Suite, ordonnance................................. 156
Lettre de Gustave d'Eichthal à Edmond Talabot sur les
événements malheureux de l'époque et sur le ferme es-
poir de les faire cesser............................. 159
Article de Duveyrier intitulé : le Peuple, la Mort — la Vie. 169
Autre de Michel, sous ce titre, le *bourgeois—le révélateur*. 178
Exaltation religieuse de quelques membres de la doctrine,
pour la personne du père Enfantin; manifestation de
Gustave d'Eichthal en ce sens; et note du Père suprême
à ce sujet....................................... 184
Autre manifestation semblable...................... 196
Idem. Emile Barrault............................. 200
Protestation d'un dissident de Belgique dans une lettre
adressée au père Enfantin.......................... 204
Note au sujet de cette protestation.................. 211
Réflexions sur ces diverses manifestations............ 212
Note a propos du mot révélation..................... 213
Article du *Globe* en réponse à ceux qui repoussaient les
mesures indiquées par la doctrine pour atténuer les mi-
sères populaires.................................. 216
Lettre de Mme Petit au père Enfantin publiée dans le *Globe*,
au moment où il allait cesser de paraître............. 218
Déclaration du père Enfantin insérée dans le dernier nu-
méro du journal. — A tous........................ 222
Convocation adressée à tous les hommes et à toutes les
femmes rattachés au saint-simonisme................ 227
Lettre du père Enfantin à Stéphane Flachat, l'appelant
ainsi que Bouffard à la direction de la famille séculière
de France, lui donnant quelques détails sur l'acte de madame Petit, celui de Corrège, et terminant en lui annonçant
son départ pour Ménilmontant..................... 229
Mort de la mère du Père; billet de Rodrigue au père Enfantin sur ce triste événement...................... 230
Lettre de Prosper Enfantin à Barthélemy Enfantin à ce
sujet 231

Pages.

Note sur la mort de Mme Enfantin...................... 233
Lettre de Transon à Mme Aglaé Saint-Hilaire sur cette
    douloureuse perte................................. 234
Réponse de Mme Aglaé Saint-Hilaire.................... 235
Autre lettre de Mme Emilie M... à la même............ 237
Idem de M. Barthélemy Enfantin à son fils............ 238
Cérémonie de l'inhumation de Mme Enfantin, racontée par
    Flachat dans une lettre adressée à Holstein, et détails sur
    la retraite de Ménilmontant....................... 239
Départ de Lagarmitte et admonestation paternelle du chef
    de la doctrine à ce sujet......................... 246

SEPTIÈME VOLUME

XX

(1832)

(mai)

Réflexions sur la nouvelle mission apostolique du père En-
    fantin.. 1
Lettre de celui-ci au général Saint-Cyr Nugues, sur la perte
    cruelle qu'il venait de faire, et aussi sur la nouvelle phase
    de sa vie... 2
Réponse de M. Saint-Cyr Nugues témoignant ses alarmes
    sur la position exceptionnelle que s'était faite le père
    Enfantin.. 4
Réponse du père Enfantin à la précédente, mais adressée
    à sa cousine Thérèse.............................. 6
Fragment de lettre de Mlle Thérèse Nugues, marques
    d'affection qu'elle témoigne au père Enfantin, opinions
    qu'elle émet sur les nouvelles théories relatives aux
    femmes.. 11
Lettre du père Enfantin à Capella, lui justifiant l'impor-
    tance de la nouvelle forme apostolique que venait de
    prendre la doctrine............................... 15

Pages.

Note du père Enfantin relativement à la sujétion des femmes et motivant son appel à leur entière liberté...... 18

Autre lettre du même au même, où il compare l'immense supériorité de l'œuvre apostolique qu'il a entreprise aux procédés industriels de Fourier..................... 26

Autre lettre adressée à Barthélemy Enfantin sur le mouvement politique de l'époque......................... 29

Lettre de Michel Chevalier à Brisbane, citoyen des États-Unis, alors à Berlin, lui annonçant les différents changements survenus dans l'apostolat saint-simonien, et leur immense importance de propagande religieuse........ 33

Lettre de Bazard à Resseguier à propos d'un fait personnel, et note sur le divorce............................. 41

Note du père Enfantin au sujet d'un paragraphe de cette lettre.. 55

Lettre de Mme Cécile Fournel à Bazard, qui lui demandait une entrevue................................. 62

Réponse de Bazard à Mme Fournel..................... 66

XXI

(1832)

(juin)

Retraite à Ménilmontant, lettre religieuse du père Enfantin.. 75

Le même à son père, relativement à la prise du nouveau costume... 79

Note sur l'insurrection du 5 juin..................... 83

Lettre de Mme Cécile Fournel à son mari, sur son état apostolique.. 85

Autre de la même à Bazard, sur le même sujet.......... 87

Compte-rendu de Talabot sur les travaux du 5 juin....... 90

Journée du 6 juin, réflexions à ce sujet............... 93

Récit officiel de la cérémonie, appelée *Retraite de Ménilmontant*... 94

Barrault au Père, état des travaux accomplis........... 96

Colloque du Père avec Caboche........................ 102

Pages.

Discours du Père avant de revêtir le costume...........   103
Signe de la paternité, du patronage, de la fraternité......   108
Discours de Mme Aglaé Saint-Hilaire.................   113
Manifeste publié dans Paris, sous le titre : les *Saint-Simo-
    niens*, par Lemonnier.......................   115
Lettre de Mme Fournel à Mme Aglaé à propos du discours
    prononcé par cette dernière à la cérémonie de la prise
    du costume............................   123
Lettre de Barrault au père Enfantin demandant la dis-
    persion...............................   127
Maladie de Bazard, lettre du Père à Olinde, à ce sujet...   134

XXII

(1832)

(juillet)

Cérémonie du dimanche 1er juillet, ouverture des travaux
    du temple............................   134
Le salut du Père............................   136
Chant de l'ouverture du temple..................   137
Parole de Barrault..........................   139
Au travail, chant...........................   142
Groupe des travailleurs.......................   144
Les apôtres du travail........................   145
La prière d'avant le repas, chœur.................   147
Celle d'après le repas, *idem*...................   148
Visite de M. Maigret, commissaire de police...........   149
Déclaration de Michel Chevalier au commissaire de po-
    lice.................................   150
Lettre du même au procureur du roi près le tribunal de la
    Seine...............................   153
Deuxième visite du commissaire avec défense de réunir
    plus de vingt personnes.....................   157
Réception du commissaire, par Michel Chevalier et Bar-
    rault, paroles prononcées par Michel.............   158
Lettre du père Enfantin à Fournel le chargeant de la di-
    rection des hommes de la famille, lui adjoignant Le-
    monnier..............................   161

Pages.

Réponse de Fournel...................................... 162
Maladie de Talabot..................................... 166
Sa mort, son convoi, discours de Barrault.............. 174
Réflexions sur le concours providentiel d'hommes d'intelli-
    gence que cette cérémonie funèbre avait réunis, et sur
    les grandes conquêtes industrielles qui en surgirent plus
    tard... 176
Note à l'appui... 177
Mort de Bazard, récit des incidents qui se produisirent à
    cette occasion... 178
Ordre du Père d'accompagner le convoi de Bazard........ 179
Allocution du Père dans le temple...................... 180
Départ de Ménilmontant, ordre de marche................ 182
Incidents de la route.................................. 185
Opposition de Mme Bazard à ce que le père Enfantin et
    ses enfants assistent au convoi........................ 187
Échange de correspondance entre le Père et Jules Lecheva-
    lier à ce sujet.. 188
Lettre de Mme Fournel à Dugied...................... 189
Réponse de Dugied...................................... 191

XXIII

(1832)

(août)

Fragment de lettre du père Enfantin à M. Arlès Dufour, sur
    la conduite que devront tenir les saint-simoniens de pro-
    vince, pendant le procès................................ 193
Lettre du même à Decaen sur le même sujet.............. 194
Ordre de comparution à la Cour d'assises, et narra-
    tion officielle de l'entrée à Paris, et des divers incidents
    du procès.. 197
Arrivée à la Cour, refus du président d'admettre des fem-
    mes comme conseils du père Enfantin................... 201
Liste des jurés.. 203

Pages.

Débats entre le président et les prévenus au sujet des té-
moins, dont le président refusait les dépositions.......   208
Interrogatoire du père et de ses fils...................   213
Appel des témoins. Incident à ce sujet, refus de ser-
ment.   217
Débats, et arrêt de la Cour refusant l'audition des témoins
qui refusent le serment..............................   228
Baud fait sa déposition...............................   230
Défense de Rodrigues.................................   231
Michel Chevalier fait l'historique du procès............   232
Interruption du président, répartie du père Enfantin, et
note au sujet du 6 juin à propos des reproches de l'avo-
cat général...   233
Continuation de la défense de Michel, nouvelle interruption
du président..   234
Discours de Lambert. Duveyrier prend la parole, interrup-
tion du président...................................   237
Colloque entre celui-ci et Duveyrier..................   238
Conclusion de Duveyrier. Note sur une conversation de
l'avocat général, vingt ans après....................   239
Audience du mardi 28 août, et prise de la parole par le père
Enfantin..   240
Exposition des idées du père Enfantin sur la puissance de la
forme, idées incomprises du président et interruption de
sa part, l'audience est suspendue, à la rentrée de la Cour,
le Père reprend la parole.   250
Clôture des débats et arrêt de la Cour................   252

HUITIÈME VOLUME

XXIV

(1832)

(août-septembre)

Réflexions sur l'attitude du père Enfantin devant la Cour,
analogie entre lui et Socrate........................   1

Pages.

Lettre de Mme Cécile Fournel au président de la Cour
  d'assises..   6
En note, continuation du parallèle de Socrate et du père
  Enfantin...   9
Observations sur le dévouement apostolique de Mme Petit et correspondance à l'appui..................... 13
Continuation d'observations générales sur les deux phases de la doctrine en rapport avec celles qu'on dis-
  tingue dans le sein du christianisme naissant........ 16
Lettre de Michel Chevalier au *Journal des Débats* au sujet
  des inexactitudes de ses comptes-rendus des débats du
  procès.. 20
Idem du même au *Courrier Français* sur la soi-disant abdication de toute liberté morale qu'avaient faite les
  saint-simoniens..................................... 24
Autre du même au ministre de la justice au sujet des persécutions de la police.............................. 29
Lettre du père Enfantin à son père sur les résultats du
  procès.. 32
Extrait d'une lettre de Laurent au père Enfantin lui témoignant l'affection toute religieuse qu'il lui garde, malgré
  sa séparation de la ligne apostolique suivie par le père
  suprême... 37
Réponse de d'Eichthal avec un post-scriptum du Père..... 42
Questions dogmatiques, lettre de Lambert au père Enfantin
  à ce sujet.. 51
Préoccupations du père Enfantin sur la liberté qui lui était
  déniée de proclamer et de propager sa foi religieuse, et
  note affirmant cette foi............................ 55
L'attente, autre admirable affirmation de sa sainte mission... 56

XXV

(1832)

(octobre-novembre-décembre)

Lettre de Duveyrier à l'éditeur Ladvocat, en lui envoyant

Pages.

un article pour être publié dans le livre des *Cent-et-un*.. 65

La Ville Nouvelle ou *le Paris des Saint-Simoniens*...... 72

État du mouvement apostolique saint-simonien à cette époque... 91

L'heure des grandes missions avait sonné, lettre de Michel Chevalier à Arlès Dufour, à ce sujet, et note relative à quelques lignes de M. Renan, au souvenir de l'apostolat de Ménilmontant............................... 97

Procès en police correctionnelle, sous prévention d'escroquerie.. 100

Compte rendu de ce procès............................. 101

Jugement d'acquittement prononcé par M. Vanin, président.. 106

Réunion de la famille au restaurant de la place du Châtelet.. 107

Chœurs, chants, après le repas........................ 108

Lettre du père Enfantin à son père se félicitant de l'issue du procès.. 109

Autre du même, au général Saint-Cyr, sur le même sujet... 111

Autre du même à sa cousine, lui donnant le détail de tout ce qu'il espère de la propagande, du costume, et du développement de l'art pour répandre la foi saint-simonienne.. 115

Nouvelle lettre de Michel à Arlès lui faisant le tableau du mouvement immense qu'allait prendre la propagande.. 121

Note rédigée par le père Enfantin à Sainte-Pélagie....... 125

Lettre du Père à ses enfants, dont la précédente note est l'objet.. 126

Lettre de M. Humann fils au Père, manifestation de sa foi religieuse.. 134

Déclaration des frères d'Humann pour obtenir sa sortie de Ménilmontant.. 138

Lettre du père Enfantin à son père, lui annonçant l'éloignement d'Humann et ajoutant quelques mots sur la politique.. 141

Pages.

Lettre de Michel Chevalier à Arlès au sujet d'Humann... 143
Interpellation de d'Eichtal adressée au père Enfantin.... 146
Retraite de d'Eichthal et de Duveyrier, de Ménilmontant, avec une ligne ajoutée à la déclaration de d'Eichthal, signée de lui et aussi de Duveyrier..................... 148
Réflexions sur la position du Père dans l'attente de la femme messie..................................... 149
Rapport de Michel sur le départ d'une mission pour Lyon. 153
Lettre de d'Eichthal au Père sur les actes qu'il avait accomplis depuis son départ de Ménilmontant.............. 156
Réponse du Père..................................... 159
Lettre de d'Eichthal et de Duveyrier à Hoart, motivant leur nouvelle position apostolique........................ 163
Le père Enfantin à la reine des Français, au sujet de l'arrestation de la duchesse de Berry.................... 165
Le Père à Hoart et Bruneau, leur transmettant la lettre de d'Eichthal.. 166
Fragment d'une lettre de Duveyrier au Père au sujet de sa retraite...................................... 169
Départ d'une nouvelle mission, et en note deux couplets d'une chanson de Vinçard, et la loi de Dieu par Lagache... 171
Lettre de Simon au Père motivant son besoin de liberté. 172
Lambert quitte Ménilmontant. — Réflexions au sujet de ces séparations successives qu'éprouve le corps apostolique de Ménilmontant. — Analogie de ce fait avec celui cité par M. Renan dans *Jésus*. — Paroles du Père à ses enfants..................................... 174
Lettre de Michel à Rodrigues au sujet d'une indisposition du Père et rapport d'Alexis Petit sur ce message..... 178
Note sur deux billets de Duveyrier au Père............. 181
Nouvelle lettre de Michel Chevalier à Olinde Rodrigues, et exposition des progrès accomplis par le nouvel apostolat....................................... 182
Du même au père Enfantin au sujet des séparations qui venaient de se produire.............................. 188
Extraits de quelques méditations d'Ollivier............. 192
Réflexions sur le nouvel aspect du saint-simonisme prati-

Pages.

que des dissidents se complétant avec la révélation du
  Père. — Citations de MM. Renan et Blanqui à ce sujet.   194
Les solitaires de Ménilmontant se préparent à se mêler
  bientôt aux affaires du monde. — Réflexions........   198
Lettres de Michel Chevalier à Brisbane en ce sens......   199
Lettres du père Enfantin à Holstein. *Idem*...........   201
Lettres du même à Lambert. *Idem*...................   204
Réflexions sur l'autorité absolue de l'homme sur les autres
  hommes en l'absence de celle de la femme............   205
Le Père suprême écrit de Sainte-Pélagie à Barrault, alors à
  Lyon...   206

XXVI

(1833)

(janvier-avril)

Réflexions sur la vie cénobitique de Ménilmontant et le
  caractère théocratique de l'autorité, qui firent désirer à
  plusieurs leur émancipation, sans toutefois altérer en
  rien leur respect pour le chef suprême..............   209
Lettre du père Enfantin à Barrault, sur sa mission
  d'Orient..   212
En note, paroles remarquables du Père...............   213
En note, explication du collier symbolique...........   215
En note, détail sur le calendrier saint-simonien.......   216
Programme de la cérémonie pour la distribution du col-
  lier..   218
Billet d'Holstein au Père, lui annonçant les préparatifs
  d'inauguration du buste de Saint-Simon dans la galerie
  de Ménilmontant.................................   221
Autre billet du même au même, lui donnant le détail de la
  cérémonie......................................   222
En note, hommage du père Enfantin à Olinde Rodrigues.   223
Cour d'assises de la Seine, séance du 8 avril 1833,
  compte-rendu de cette séance.....................   224
Paroles du Père à la cour d'assises.................   228

NEUVIÈME VOLUME

XXVII

(1833)

(avril-juillet)

Pages.

Quelques considérations sur l'abdication du commandement suprême qu'exerçait le père Enfantin sur la famille saint-simonienne... 1

Ce qu'il écrivait à Alexis Petit à ce sujet, ainsi qu'à Holstein... 5

En note, la liste des personnes détenues à Sainte-Pélagie pour délits de presse au moment de la captivité du père Enfantin... 6

En note, fragment de lettre d'Ollivier au Père... 11

Lettre de Jean Reynaud au père Enfantin au sujet de la cérémonie de la visite des tombeaux, pour laquelle il avait reçu une invitation... 13

Réponse du Père à Jean Reynaud sur ce sujet... 15

Réplique de Jean Reynaud au Père... 21

Quelques mots du Père au sujet d'un projet de fonds d'assistance... 23

Un fragment des mémoires de Garibaldi relatif au saint-simonisme... 25

Isolement du Père et ce qu'il écrit à Holstein à ce sujet... 27

Projet de publication du livre des Actes des apôtres... 29

Lettre de Mme Émilie Dard au Père, à Sainte-Pélagie... 33

Réponse du Père et fragment de lettre de Mme Claire Démard... 35

Autre de Lambert à Mme Claire Démard, en réponse à celle adressée au Père... 36

En note, petite notice sur Claire Démard... 37

Fragment d'une lettre à Petit, relatif à la mission d'Égypte... 38

En note, article du journal le Temps, sur M. Thiers... 39

Suite de la correspondance du Père avec Petit... 40

Pages.

Fragment de correspondances diverses sur l'amnistie accordée en faveur du Père et de Michel Chevalier.......   42
Quelques mots sur Mme Aglaé Saint-Hilaire et les déceptions qui venaient tourmenter sa foi religieuse. — Bel
enseignement de Michel à ce sujet.....................   43
En note, confirmation de cet enseignement par la citation
des faits accomplis...................................   44
Fragment de lettre du Père à Petit sur des renseignements
intéressants pour l'œuvre d'Égypte...................   47
Lettre de Bazin au Père manifestant l'impatience qu'il
éprouve, ainsi que la famille, du retard de l'amnistie
annoncée. Détails sur divers incidents qui lui sont
personnels..   48

XXVII

(suite)

(1833)

(août-octobre)

Extrait du livre des Actes et note à ce sujet. — Sortie de
prison   53
Lettre du Père à Holstein pour être communiquée à Bar-
rault. — Résumé de la pensée d'Enfantin sur son œuvre
d'Égypte..   56
Autre à Bruneau en lui envoyant la précédente..........   60
Nouvelle lettre du même au même sur la réponse de ce
dernier...   65
Paroles de Mme Cécile Fournal, extrait du livre des Actes.   67
Lettre de Hoart au Père, sur la nouvelle de la sortie de
prison   70
Barrault au Père, relation de son arrivée à Constantinople.   73
Extrait du livre des Actes sur la mission de Barrault.....   76
Lettre de ce dernier au Père. — Suite de la relation de
son séjour à Constantinople, incidents à ce sujet et an-
nonce de son départ pour Alexandrie.................   79
Autre lettre du même au même annonçant sa mission ter-
minée...   80
Lettre du père Enfantin à M. Ardoin, lui faisant part de

Pages.

son projet du percement de l'isthme de Suez et de son départ pour l'Égypte... 82

En note, quelques détails sur la mort de Bouffard....... 85

Correspondances intimes du Père. — Lettre de Mme Dard. 86

Lettre de Fournel à Arlès, lui annonçant son départ pour l'Égypte et lui exposant les immenses avantages humanitaires à espérer de l'œuvre de la jonction des deux mers... 88

Le Père, à Barrault, pour le prévenir de son départ...... 96

Le Père, à bord du vaisseau le *Prince héréditaire*, aux capitaines Hoart et Bruneau, à Roger et Massol, leur indique la mission que chacun des membres de la famille aura à accomplir jusqu'à l'appel général de tous pour l'Égypte... 99

Réflexions sur la grandeur de l'œuvre pratique du Père et sur cette phrase d'une de ses lettres : *Je reprends mon autorité*... 108

Extrait d'un article du *livre des Actes* sur l'œuvre d'Égypte. 110

Extrait sur Terson, relation de sa mission dans le midi de la France.. 111

Extrait sur les différentes missions qui parcouraient la France.. 114

Extrait sur celle de Barrault en Orient................... 117

Lettre d'un Savoyard relatant les diverses persécutions auxquelles il fut en butte pour sa foi saint-simonienne. 119

Compte rendu d'une réunion de la famille de Paris à la salle du Prado, extrait du livre des Actes............. 134

Hommage de la famille de Paris à Georges Sand......... 135

Lettre de cette grande artiste à la famille saint-simonienne de Paris.. 136

XXVIII

(1833)

(octobre-décembre)

Lettre de Lambert à sa sœur, extrait du livre des Actes.. 139

Départ de Mmes Cécile Fournel et Clorinde Roger pour l'Égypte... 150

Pages.

Lettre de Rigaud relatant le séjour de ces dames à Marseille et leur débarquement   151

Lettre du même à Mmes Cécile et Clorinde sur quelques dissidences avec Barrault..............................   158

Réponse de Mme Cécile Fournel à Rigaud sur cette dissidence   167

Lettre de Villers à Mme Marie Talon au sujet du départ de Mmes Cécile et Clorinde   170

Extrait du livre des Actes relatif au procès intenté à Vidal, sa défense   172

Extrait du *Moniteur égyptien* relatif à un cours sur l'art, professé par Barrault..............................   177

Quelques détails, donnés par le père Enfantin, sur son arrivée au Caire...................................   179

Note du Père, à Hoart et Bruneau, sur l'Égypte et son gouvernement...   181

XXIX

(1834)

Lettre du Père à Soliman-Bey.........................   187

Autre du même à Lambert et à Fournel, leur annonçant son départ pour le désert, et y joignant des instructions relatives à l'œuvre générale.....................   190

Autre du même à Fournel, toute spéciale à l'œuvre......   194

Lettre du Père à Mme Fournel, comme encouragement.....

Efforts de Fournel, pour faire aboutir l'œuvre...........   197

Lettre du Père, à Olivier, Holstein et Urbain, les prévenant des intentions de Fournel et de sa femme de retourner en France; réflexions et déclarations du Père..   198

Appréciation religieuse de la personnalité supérieure du Père...   203

Appel du Père, sous forme de lettre, à Hoart et Bruneau..   204

En note, un extrait du livre des Actes, au sujet de la famille de Paris   214

Barrault au Père, sur son retour à Constantinople, les in-

Pages.

cidents du voyage, la mort de son *père du sang*, et son
projet de mission en Russie.   216

Le Père à Barrault, considérations générales sur l'œuvre
d'Égypte, la politique européenne et la question d'O-
rient.   220

Le même à Soliman-Pacha, témoignages d'affection pour
sa personne et considérations sur les travaux du barrage
du Nil   225

Lettre de Barrault au Père, avortement de sa mission de
Russie, détail des incidents de son voyage, conseils qu'il
demande sur son retour vers le maître.   229

Le Père, à Mme Aglaé Saint-Hilaire sur la conservation des
archives.   232

Le même à la même, son jugement sur le livre de Quinet,
et demande de détails sur les personnes rattachées à la
doctrine et sur sa famille   233

Réponse du Père à Barrault sur sa demande de se rappro-
cher de lui.   239

DIXIÈME VOLUME

XXX

(1834)

(suite)

Le Père à Lambert, sur différentes mesures à prendre pour
l'œuvre   1

Du même au même, lui annonçant l'arrivée prochaine de
Hoart.   3

Du même, à Soliman-Pacha sur la fondation d'un ministère
de l'instruction publique en Égypte.   6

Du même, à Barrault au sujet d'une fête au barrage du
Nil.   12

Du même, à Mme Aglaé, relation de cette fête.   14

Pages.

Rapport sur la création d'un conseil et d'un comité de l'instruction publique, présenté par le Père à Soliman Pacha.. 27

Du même au même, sur l'avenir politique de l'Orient et du monde.. 35

En note, sur la mort de Moïse Retouret et lettre d'Urbain au Père... 36

Réponse du Père à Urbain, enseignement sur l'œuvre d'affranchissement de la race noire par la race blanche. 38

Note sur Urbain, et lettre du Père à Mᵐᵉ Aglaé, sur les divers incidents qui se passaient au vieux Caire et à Alexandrie... 45

Remercîments du Père, au colonel Brach, au sujet d'un ouvrage que ce dernier lui avait envoyé ; examen de cet ouvrage et détail de ce qui se passe en Égypte, au sujet de l'œuvre industrielle dont il poursuit la réalisation. Un mot sur le duc de Raguse....................... 52

Quelques lignes sur les saint-simoniens, extraites du récit de son voyage en Orient.............................. 58

Bons rapports qui existaient entre M. Ferdinand de Lesseps et le Père Enfantin ; billet de ce dernier à l'appui....... 61

Visite de Suzanne Voilquin au barrage et citation d'un passage de ses mémoires à ce sujet...................... 62

Le Père, à Duguet, lui donnant des instructions sur sa mission de France et sur l'état de l'œuvre d'Égypte qui subissait un temps d'arrêt....................... 64

Du même, à Vinçard, le remerciant de l'envoi que celui-ci lui avait adressé, d'une mesure et de quelques chansons 70

XXXI

(1835)

Travaux du barrage abandonnés ; — rentrée en France de plusieurs enfants du Père, et lettre de celui-ci à Mᵐᵉ Aglaé, lui annonçant la mort de Fourcade, victime de la peste qui venait de faire son invasion au Caire... 73

Pages.

Du même à son père, lui annonçant son voyage pour la
    Haute Égypte..................................   79
Du même à Soliman Pacha, sur quelques incidents de son
    voyage....................................   80
Du même à M. Mimaut, consul de France............   82
Du même à Soliman Pacha.........................   83
Du même aux capitaines Hoart et Bruneau..........   86
Du même à Lambert, quelques détails sur le ravage de la
    peste, et sur les nouvelles politiques............   91
Du même au même, modérant l'exaltation religieuse de
    son disciple................................   97
En note, lettre du même à M. Mimaut, sur des fouilles de
    tombeaux..................................   102
Du même à M. Petit, en apprenant la mort de son père.   104

XXXII

(1835)

(Fin)

Lettre du Père, en réponse à celle que lui avait adressée
    Henri Heine, sur l'état de l'Allemagne............   106
Note sur Chateaubriand et Lamartine..............   126
Note sur les prévisions du Père à l'égard de l'Autriche dans
    sa lettre à Heine............................   136
Lettre à Arlès sur la mort de Hoart...............   136
En note, quelques lignes de Michel Chevalier à Arlès, sur
    cette mort.................................   138

XXXIII

(1836)

Extrait d'une lettre du Père à Arlès, sur l'état de l'Égypte
    sous Méhémet-Ali............................   149
Citation d'un passage du livre de Mme Suzanne Voilquin,
    affirmant que la religieuse paternité du Père n'était ni
    atteinte ni affaiblie..........................   149
Observations du Père sur Méhémet-Ali dans un post-scriptum
    à Arlès....................................   151

Pages

Lettre de Mme Clorinde à Roger, lui annonçant la mort
d'Ollivier... 153
Id. du Père à Arlès au sujet de sa rentrée dans le monde. 155
Id. du même au même, lui annonçant sa rentrée en France. 162

XXXIV

(1837)

à

(1840)

Lettre de Laurent au Père qui l'avait prévenu de son retour... 163
Id. de Brothier au même............................. 166
Id. du Père à Lambert en Égypte, sur la bonne réception
qu'il reçut dans sa famille, ajoutant quelques réflexions
sur les choses et les hommes politiques de cette époque. 167
Autre de Barrault au Père, lui exprimant hardiment son
opinion sur le rôle que lui, le Père, devait prendre dans
le monde... 172
Réflexions sur le changement de caractère apostolique dans
la vie du père Enfantin................................ 174
Lettre de ce dernier au roi Louis-Philippe.............. 178
Id. du même à Vinçard, relative à la famille de Paris..... 196
Autre à Lambert lui donnant des détails sur les événements
du jour, politiques, commerciaux, et ajoutant quelques
mots relatifs à la liste civile......................... 200
Éclaircissement sur cette liste civile et liste des souscrip-
teurs avec note sur Holstein, ami d'enfance du Père, et
dépositaire des sommes alors versées pour cette œuvre
religieuse... 206
Lettre d'Holstein ayant trait à cette souscription........ 207
Réponse d'Edhem Bey à une lettre que le Père lui avait
adressée... 209
Travaux du barrage tout à fait abandonnés, fragment de
lettre de M. Linant à ce sujet....................... 212
Témoignage général d'affection dont était entouré le Père,
et lettre de Ribes de Montpellier.................... 213

Pages.

Autre du même au même............................ 216
Lettre d'Holstein au Père.......................... 219
Départ du Père pour l'Algérie...................... 220
Réflexions sur la puissance de la foi saint-simonienne,
comparaison des adeptes de cette foi avec ceux du
Christ et de la primitive Église, citation d'Origène.... 222
Continuation sur le même sujet, et note sur Origène et
Tertullien.................................... 223
Continuation. Lettre de Pline à Trajan.............. 226
Lettre d'Enfantin à Lambert à propos de la commission
scientifique d'Algérie dont il était membre........... 230
Autre du même au général Saint-Cyr, sur le projet de for-
mation d'un institut égyptien composé d'Arabes et d'Eu-
ropéens 232
Note d'Enfantin sur ce sujet........................ 233

ONZIÈME VOLUME

XXXV

(1840)

(Janvier-février)

Occupation du père Enfantin à son arrivée à Alger....... 1
Lettre à Arlès sur les personnes avec lesquelles il établit
des relations.................................. 3
Continuation de sa correspondance avec Arlès.......... 4
Id. Id. avec Saint-Cyr sur ses études des questions
algériennes................................... 11
Suite de sa correspondance avec Arlès sur les affaires et
les hommes politiques de cette époque.............. 16
L'apostolat royal du père Enfantin, ce qu'il en écrit à Arlès. 21
Lettre d'Enfantin au même, en réponse à un billet que lui
avait adressé Lamartine, suivi de réflexions politiques.. 23
Post-scriptum à la précédente, continuation des mêmes
réflexions.................................... 29
Autre P.-S., sur le même sujet..................... 33

Pages.

Lettre du même au général Saint-Cyr, sur l'organisation
intellectuelle de l'Égypte...........................   34

XXXVI

(1840)

(mars-août)

Départ du père Enfantin pour Constantine, ce qu'il en dit
à Arlès..   45
Observation sur le but que voulait atteindre Enfantin en
recherchant un patron puissant parmi les princes d'an-
tique origine..   46
Arrivée d'Enfantin à Constantine.....................   47
Ses réflexions à propos de la dotation du duc de Nemours.   48
Ses observations sur l'inanité de la chambre représenta-
tive, et son départ de Constantine, lettre à Arlès à ce
sujet..   49
Lettre du même au même, donnant quelques détails sur les
tristes résultats d'une prise d'armes dont il a été témoin.   50
Insistance d'Enfantin pour qu'Arlès communique sa correspondance au duc d'Orléans. Note donnant le chiffre
de cette correspondance..............................   53
Lettre au duc d'Orléans et, en note, une autre de M. Boismilon...   54
Rentrée à Constantine et lettre à d'Eichthal...........   59
Enfantin quitte de nouveau Constantine pour visiter Guel-
mah et Bône, et lettre à Arlès sur le problème de la colonisation européenne en Afrique....................   63

XXXVII

(1840)

(août-décembre)

Autre lettre d'Enfantin à Arlès sur la politique du gouvernement français à cette époque, ce qu'elle était et ce
qu'elle devrait être   79

Pages.

Note sur une visite d'Arlès en haut lieu et lettre de M. Boismilon... 91

Enfantin au général Saint-Cyr sur les affaires d'Orient... 92
Le même à Urbain... 95
Note sur quelques mots d'Urbain dans sa réponse à Enfantin. 99
Enfantin à Arlès au sujet d'une critique du mémoire de
Blanqui, sur l'Algérie...................................... 100
Le même au même sur les questions politiques de l'époque. 104
Le même au même sur la publication de sa lettre à Heine. 107
Le même au même à propos d'une préface de Lamartine. 115
Le même au général Saint-Cyr sur les questions politiques. 122
Le même à Arlès, examen des mêmes questions........ 126
Enfantin le presse de présenter ses lettres au duc d'Or-
léans... 130

XXXVIII

(1841)

Lettres au duc d'Orléans...................................... 134
Autre d'Arlès à M. Boismilon au sujet de ces lettres...... 135
Autre d'Enfantin à Arlès   *id.*   *id.*.......... 137
Autre du même au même marquant son impatience d'une
solution.. 139
Autre du même au même sur Jean Reynaud et Michel Che-
valier, et quelques mots à propos du fouriérisme...... 141
Autre du même au même sur la rentrée en France de quel-
ques officiers de l'armée d'Alger........................ 143
Plainte de M. Laurence sur une lettre d'Enfantin publiée
dans le *Toulonnais* et réponse de ce dernier au colonel
Bory de Saint-Vincent..
Autre lettre d'Enfantin à Arlès sur le désir qu'on garde le
secret de ses lettres.. 148
Autre lettre du même à Holstein sur la perte de son enfant. 149
Note sur Holstein... 450
Enfantin à Arlès, lui annonçant son départ pour Oran.... 452
Le même au même sur la démarche de ce dernier auprès
de M. Boismilon.. 453

Pages.

Départ d'Alger et lettre d'Enfantin à Arlès datée de Constantine, description de cette ville................... 156
Maladie d'Enfantin, son retour en France.............. 157
Lettre du même à M. Laurence.......................... 158
        —   au président de la commission......... 159
Ouverture du cours d'économie politique par Michel Chevalier, article du journal des *Débats* sur le discours du pro-
  fesseur.. 160
Lettre d'Enfantin à Arlès sur le discours de Michel Chevalier et les principes qu'il y a émis.................. 164

XXXIX

(1842)

Réflexion sur le caractère apostolique du père Enfantin... 170
Lettre d'Enfantin à Arlès qui a motivé ces réflexions..... 172
   — du même au même, au sujet des démarches auprès
     de M. de Boismilon, secrétaire du duc d'Orléans...... 176
Lettre du même au même. Enfantin se plaint du silence
     d'Arlès... 178
Visite d'Enfantin à M. de Boismilon..................... 180
Enfantin à Arlès, au sujet d'une audience qu'il avait eue du
     duc d'Aumale..
Autre du même au même, au sujet d'Holstein et de quel-
     ques-uns de ses autres enfants..................... 184
Du même au même, suite de la précédente................. 190
Apostolat indirect des prolétaires saint-simoniens fonda-
     teurs du journal *la Ruche populaire*.............. 192
Réponse de Vinçard à des attaques contre le soi-disant
     vague des réclamations du journal.................. 193
Note relative à *la Ruche populaire*.................... 194
Article de *la Ruche populaire* annonçant une publication
     d'Olinde Rodrigues................................. 195
Fragment d'une préface d'Olinde Rodrigues d'un livre pu-
     blié par lui et intitulé : *Poésies sociales des ouvriers*.... 197
Lettre d'Enfantin à M. le comte Gasparin au sujet d'un
     travail sur l'Algérie dont il s'occupait........... 197

Pages.

Billet du même à d'Eichthal en lui envoyant ce travail
manuscrit, et note relative à ce travail............... 205
Lettre d'Enfantin à Arlès sur sa position personnelle..... 206
Rapports entre Saint-Simon et Eufantin à ce sujet....... 207
Fragment de lettre d'Enfantin à Arlès sur l'indifférence de
certains personnages à son endroit................. 209
Du même au même, sur une conversation avec Lamartine. 209
Du même au même................................. 211
Fondation d'un journal d'ouvriers, intitulé *l'Union*, suite de
la *Ruche populaire* qui avait passé en d'autres mains, liste
des souscripteurs 212
Exposé du but du journal............................. 213

XL

(1844)

Fondation du journal *l'Algérie* et lettre d'Enfantin à Arlès
à ce sujet... 215
Lettre de Lamoricière à Enfantin...................... 221
Réponse d'Enfantin................................. 222
Préoccupations industrielles, lettre d'Enfantin à Arlès où
elles sont indiquées............................... 227
Visite de Duveyrier au duc de Bordeaux, note qu'il lui lit. 230
Note au sujet de Duveyrier........................... 230

XLI

(1845)

(janvier-juin)

Communication que fait le père Enfantin dans ses lettres
philosophiques et religieuses à Louis Jourdan, et lettre
de ce dernier à ce sujet............................ 233
Lettre du Père à Mme Vandermarck.................. 237

DOUZIÈME VOLUME

XLII

(1845-1846-1847)

Pages.

Le mot de Saint-Simon rappelé par sa doctrine comparée à la grippe.. 1

Interprétation de ce mot; jugement d'Enfantin sur les divers caractères de son apostolat, l'esprit prophétique et l'esprit pratique...................................... 2

Il prend la plus grande part à la formation et à la fusion des compagnies des chemins de fer. Lyon et Paris le préoccupent principalement............................. 5

Premières démarches pour la constitution d'une société d'étude d'exécution pour le canal de Suez. Discours d'Enfantin.. 7

Tableau des saint-simoniens morts à la peine en Égypte ou revenus en France.................................. 13

Formation de la société d'étude. Procès-verbal......... 15

Acte de société....................................... 21

Actes d'adhésion des chambres de commerce de Lyon et de Marseille.. 30

XLIII

(1847)

Lettre d'Enfantin où se trouve la comparaison de la féodalité financière et de la féodalité militaire............

Il conseille à ses amis industriels de se présenter comme candidats aux élections................................ 41

Sa protestation prophétique contre l'entraînement général en France de recourir toujours de préférence aux ingénieurs et aux mécaniciens anglais..................... 43

Correspondance de famille avec Arthur................. 45

Lettres à Arlès sur le même sujet...................... 48

Correspondance politique, philosophique et religieuse avec MM. Guizot, Quinet, Michelet, etc.................... 56

Pages.

Lettres adressées à Enfantin au sujet de cette publication
par MM. Rapetti, Sainte-Beuve, l'abbé Cœur, Cuvillier-
Fleury, Ferdinand Barrot, Jean Reynaud et Mme d'A-
goult . . . .   57 et suiv.

XLIV

(1848)

Réponse d'Enfantin à Mme d'Agoult   63
Lettre de Mme Bazard à Enfantin   65
Lettre d'Enfantin, politique et prophétique, à M. Brosset,
de Lyon, sur la venue prochaine et les résultats proba-
bles de la révolution de 1848, en faveur des travailleurs.   66
Appréhensions d'Enfantin sur le mauvais socialisme. Lettre
à Girardin et note à Lamartine à ce sujet   69
Lettre au ministre des travaux publics sur les mesures à
prendre en faveur de la classe ouvrière   72
Projet de décret adressé au ministre   75
Lettre à Dufour de Leipzig sur l'opportunité de faire ren-
trer dans les mains de l'État tous les chemins de fer   77
Nomination de Jean Reynaud, Pierre Leroux, Carnot,
Laurent, Charton, Bac, Allègre, etc., à l'Assemblée cons-
tituante   79
Lettre d'Enfantin à Arlès sur la journée du 15 mai et sur la
nécessité du rachat des chemins de fer par l'État   80
Présentation du projet de loi relatif à cette mesure par le
ministre des finances Duclercq   84
Interruption de la discussion de ce projet par l'insurrec-
tion de juin. Laurent parlant en faveur de la mesure est
obligé de céder la parole au général Cavaignac, venant
rendre compte des événements qui ensanglantent Paris.
Lettre d'Enfantin à M. P. Talabot sur cet événement et
sur l'urgence de donner suite au projet de percement de
Suez   82
Lettre sur le même sujet à M. Negrelli à Vienne   84
Enfantin appuie fortement Duveyrier pour la fondation du
Crédit   86

Pages.

Lettre de Duveyrier à Amail relative à cette publication.   87
Nouvelle lettre d'Enfantin à M. Negrelli sur le canal de
    Suez...   91
Lettre d'Enfantin à Arlès, annonçant le départ de Barrault
    pour l'Algérie.......................................   95
Lettre d'Enfantin à Dufour sur l'Allemagne.............   97
Lettre d'Enfantin sur la situation politique, à un ancien
    député, M. Émile Giraud de Romans, son ami........   104
Nouvelle lettre d'Enfantin à Dufour de Leipzig.........   108

XLV

(1849)

Lettre d'Enfantin à Barrault et à Warnier, à Alger......   115
Nouvelle lettre à Barrault...........................   116
Mention en note et texte d'un billet d'Enfantin à Lamori-
    cière..   118
Lettre d'Enfantin à Resseguier sur le *Crédit*...........   122
Réponse à un incrédule au sujet de ce journal..........   124
Lettre de MM. Dufaure, Rivet, Freslon et Lamoricière au
    rédacteur en chef du *Crédit*.....................   127
Lettre à Arlès sur ses objections au succès de ce journal.   128
Au même sur les agitations convulsives de l'Assemblée
    constituante.....................................   131
Au même sur la question de Rome devant l'Assemblée lé-
    gislative...   133
Au même, après l'échauffourée du 13 juin, sur la meil-
    leure ligne à suivre en se plaçant sur le terrain de l'art.
    13 de la constitution, gros des éléments du bon socia-
    lisme..   135
Au même, pour lui communiquer ses espérances politiques   136
Lettre à Lamartine en réponse à son pamphlet contre les
    socialistes sans distinction d'écoles..............   138
Réponse de Lamartine................................   146

XLVI

(1850)

Pages.

Lettre d'Enfantin, explication de son attachement au *Crédit* et de sa politique telle que les circonstances la lui dictaient pour le développement de ses idées alors possible 149

Lettre d'Enfantin à Dufour de Leipzig pour l'engager à s'occuper des questions financières et économiques et à transmettre ses conceptions pour le *Crédit* 152

Lettre de Duveyrier au même, dans le même but 155

Suite de la correspondance d'Enfantin avec ses amis de Lyon au sujet du *Crédit* 162

Le petit socialisme de 1830 devenu un fort gros socialisme — Lettre à Arlès 164

Nouvelle lettre à Arlès sur le journal de Duveyrier 165

Lettre d'Enfantin à Lamartine en Orient 167

Lettre sur la cessation du *Crédit* 170

Réplique aux amis qui avaient désapprouvé la fondation de ce journal 172

Citation du *Moniteur* extraite d'un discours de Laurent sur le socialisme 172

Lettre à Dufour sur la reprise de l'affaire de Suez 175

Lettre sur le même sujet à M. Starbuck à Londres 176

Fondation de la revue hebdomadaire : *la Politique nouvelle*, dans la même esprit que le *Crédit*. Lettre d'Enfantin à Arlès sur ce nouveau recueil 179

XLVII

(1851)

Lettre d'Enfantin à Dufour de Leipzig sur la politique nouvelle, et Suez 182

Réponse de Dufour et réplique d'Enfantin 187

Nouvelle lettre à M. Starbuck à Londres 188

Lettre d'Enfantin à P. Talabot sur la retraite de l'ingénieur anglais M. Stéphenson, dans l'affaire de Suez ... 189

Lettre d'Enfantin à M. Negrelli sur un chemin de fer dans

Pages.

l'Italie centrale et sur l'attitude négative de M. Sté-
phenson au sujet du canal de Suez................... 190
Lettre d'Arlès annonçant l'incendie de sa maison........ 191
Nouvelle lettre d'Arlès sur ce désastre................ 193
Indication de la belle réponse d'Enfantin.............. 194
Prédiction politique d'Enfantin sur l'issue du gâchis par-
lementaire.. 195

XLVIII

(1852-1855)

Lettre d'Enfantin à Holstein sur un plan financier concer-
nant les chemins de fer.............................. 196
Lettre d'Enfantin à Laurent sur la mission des Napoléons. 200
Au même sur le voyage du prince Napoléon en Algérie.. 205
A M. de Bruck, internonce d'Autriche à Constantinople,
sur l'affaire de Suez................................ 206

XLIX

(1854-1855-1856)

Lettre d'Enfantin à Dufour de Leipzig, en réponse à des
objections présentées par ce dernier au plan du canal
de Suez... 214
Nouvelle lettre à M. de Bruck sur le même sujet......... 220
Réponse de M. de Bruck.............................. 226
Lettre de M. de Lesseps..................... 228,229,230
Lettre de M. Negrelli à Arlès........................ 231
Lettre de M. de Lesseps à M. de Bruck, laissant pressentir
la résolution de se séparer de MM. Talabot, Arlès et
Enfantin pour l'exécution du canal.................. 233
Réponse de M. de Bruck.............................. 235
Communication de cette réponse à Arlès, et lettre de ce
dernier à M. Négrelli, renfermant l'historique de la ques-
tion de Suez.. 238
Lettre de M. Négrelli à MM. Enfantin et Arlès......... 248

Pages.

Séparation définitive de M. de Lesseps des fondateurs de la
société d'étude du canal........................... 247
Paroles suprêmes d'Enfantin sur l'issue de ses efforts de
30 ans... 248

TREIZIÈME VOLUME

XLIX

(1854-1855-1856)

(suite)

Lettre d'Enfantin à Victor Hugo, pour le féliciter sur ses
Contemplations.................................. 4
Réponse de Victor Hugo........................... 3

L

(1857-1858)

Enfantin quitte Lyon et rentre à Paris comme administrateur délégué du chemin de fer de Paris à Lyon et à la
Méditerranée.................................... 5
Lettre d'Enfantin à Lambert sur sa polémique avec Lemon-
nier dans la Revue philosophique et religieuse......... 6
Modèle de lettre pour Mme d'Héricourt à Prou-
d'hon... 13
Réponse d'Enfantin au père Félix................... 24
Citation du mot de de Maistre sur Pline. Le saint-simonisme réalisant les deux hypothèses de l'auteur des *Considérations sur la France*......................... 27
Lettre d'Enfantin à Guéroult sur les prix de l'Académie des
sciences morales et politiques..................... 28
Enfantin publie son livre sur la science de l'homme, sa dédicace à l'Empereur............................. 34
Réflexions sur cette dédicace conforme à la conduite apostolique d'Enfantin à travers les révolutions.......... 36

Pages.

Paroles remarquables d'Enfantin dans cette dédicace. 38
Dénonciation du livre d'Enfantin à l'Empereur; à l'arche-
    vêque de Paris et au parquet. 40

LI

(1859)

Lettre d'Enfantin à Arlès sur l'émotion produite à Paris par
    quelques paroles de l'Empereur à M. de Hubner. 41
Série de lettres d'Enfantin à Arlès sur les menaces de
    guerre et les probabilités politiques de l'année cou-
    rante. 44
Enfantin passe l'été à Saint-Germain; il sent ses jambes
    mollir. 47
La politique lui présage des orages ; il est d'ailleurs fort
    content de la brochure de M. de Laguéronnière : *Le
    Pape et le Congrès*. 48

LII

(1860)

Lettre d'Enfantin à Arlès sur le programme politique posé
    par l'Empereur dans sa lettre à M. Fould. 49
Id. au même, sur les *deux grands praticiens du moment, le
    libérateur de l'Italie et le promoteur du traité du libre
    échange*. 52
Id. au même, sur les affaires de Rome. 53
Id. au même, sur les deux directions, *affaires d'Italie,
    affaires commerciales*, et sur l'homme, appelé à régner
    sur le monde comme le Niagara, de cascade en cas-
    cade. 55
Id. au même, mention d'une note sur une grande combi-
    naison des chemins de fer, financière, économique et po-
    litique. 56
Id. au même, sur Garibaldi et les grosses affaires du
    XIXe siècle. 58
Id. au même, sur le projet d'une encyclopédie nou-
    velle. 60

Pages.

Id. au même, sur l'Orient et l'Italie, le sultan et le Pape. 61

Id. au même, sur la fondation de la Société de secours mutuels. 62

Id. au même, sur la politique extérieure de l'Empereur. 64

Id. au même, sur la nouvelle encyclopédie à fonder avec les deux plus fortes armes de la Révolution, *le suffrage universel et le laisser faire*. 65

Id. au même, sur M. Boniface et Guéroult, Cavour et Garibaldi. 67

Id. au même, sur Duveyrier et l'encyclopédie, Guéroult et la papauté. 67

Id. au même, sur les institutions protectrices de l'organisation économique, intellectuelle et sociale. 68

Id. au même, sur les changements politiques du 24 novembre, en France. 71

Lettre, pour Desplanches, en réponse au vicaire général de l'évêque d'Orléans. 73

Brochure de Duveyrier, lettre d'Enfantin à Arlès sur cette publication et le prospectus de l'encyclopédie fait par Michel Chevalier. 90

Revue de l'année qui finit. — lettre à Arlès. 94

LIII

(1861)

Lettre à Arlès sur le plan général de l'encyclopédie. 92

Id. au même, en réponse à une critique de la lettre au vicaire de l'évêque d'Orléans. 94

Id. au même, contraste de l'organisation parfaite de la punition dans la société actuelle et de l'absence de toute institution sociale pour la récompense, projet de lettre à l'Empereur. 115

Publication du livre sur *La Vie éternelle*. 119

Note sur *la Philosophie du Credo*, du père Gratry. 123

Voyage à Vichy. 125

Lettre à Arlès sur ce voyage. 126

Pages.

Id. au même, sur l'interdiction de la représentation du *Tartufe* à Lyon. 126
Voyage, chasse et pêche dans le département d'Eure-et-Loir chez Blaise des Vosges; lettre à Arlès datée de Rocentuf. 127
Id. au même, sur des critiques de style. 129
Id. au même, sur les bruits de désarmement général...... 131
Id. au même, sur l'exposition de Londres et l'aristocratie anglaise. 133
Note d'Enfantin sur l'encyclopédie, remise à Duveyrier qui la communique à Isaac Péreire et à Sainte-Beuve; lettre admirative de Duveyrier sur ce point adressée à Enfantin. 135
Nouvelle lettre de Duveyrier au maître, sur le même objet. 136
Post-scriptum annonçant les remercîments de Sainte-Beuve. 137
Communication d'une lettre de Sainte-Beuve à Enfantin, en l'engageant à compléter le programme encyclopédique par sa note. 138

LIV

(1862)

Lettre d'Enfantin à Arlès sur l'altération de sa santé. 139
Id. au même, sur la position de Lamartine et la publication de ses œuvres complètes par souscription. 141
Id. au même, sur les conférences et dîners encyclopédiques. — MM. Franck et Delangle. 142
Id. au même, sur l'exposition de Londres; la mère des ouvriers français à Londres. 143
Id. au même, au sujet d'un tableau devant représenter la sainte famille des travailleurs. 144
Id. au même, sur les discours du prince Napoléon et du président Bonjean. 146
Id. au même, sur la dotation Palikao et l'aristocratie anglaise. 147
Id. au même, en Silésie, sur le gâchis prussien. 148

Pages.

Id. au même, sur l'affaire de la Dombes, mot attribué à l'Empereur.. 150

Id. au même, sur la mort et l'enterrement de Jules Lechevalier.. 151

Id. au même, sur la mort de Cavour.......................... 151

Id. au même, sur le carton humanitaire de madame O'Connell et le succès de l'*Herculanum*, de David.......... 154

Id. au même, sur la mort de Corrèze. Enfantin se prépare à ce qu'il appelle sa dernière chasse, il voit avec grand plaisir *le monde en mal d'enfant*.......................... 155

Id. au même, sur les privations qu'il lui a conseillées et auxquelles il ne veut pas s'assujettir...................... 157

Id. au même, sur un projet de 18 brumaire amical, dans le saint-simonisme.. 158

Voyage à Lyon pour les noces de la fille d'Holstein, communication à Arlès de la lettre sur le crédit intellectuel.. 159

Lettre d'Enfantin à Arlès, en rentrant à Paris, sur la crainte que sa conception ne soit pas bien comprise par ceux à qui elle a été destinée.................................. 159

LV

(1863)

Opinion de M. Perdonnet sur le crédit intellectuel......... 162

Lettre à MM ***** (sur le crédit intellectuel)............. 164

Impression produite par la demi-publicité donnée à cette lettre par les anciens disciples d'Enfantin attachés à l'entreprise de l'encyclopédie.............................. 192

Incident qui amène la rupture entre Enfantin et ces disciples.. 194

Commission chargée d'examiner le projet d'Enfantin, procès-verbal des réunions de cette commission et de leur résultat négatif.. 195

Mention d'une note critique de M. de Courcy et réplique d'Enfantin.. 198

Lettre à Arlès sur les objections et résistances dont le crédit intellectuel est l'objet. Citation du mot de Galilée :

Pages.

et pourtant elle tourne ! — Billet de **M.** de Girardin, à ce sujet.. 207

Lettre de Mme Sand, sur cette grave question, transmise à Enfantin par Maillard........................ 208

Lettres d'adhésion adressées à Enfantin, par MM. Eugène Nus, Champfleury, Donon, etc........... 209, 210 et 211

Article approbatif du *Moniteur*........................ 212

Lettre d'Enfantin à Arlès sur les protestations imminentes des encyclopédistes.................................. 213

Id. au même, sur la publicité donnée à ces protestations.. 214

Affliction d'Enfantin. Déchirement dans son affection pour Duveyrier... 216

Lettres sympathiques de MM. Paul de Jouvencel et Victor Meunier... 216

Lettre d'Enfantin à Arlès sur les élections de Paris...... 218

Id. Au même, sur les tracasseries que font éprouver à ce dernier le curé et le maire d'Oullins à propos de l'inhumation de sa belle-mère protestante dans le cimetière de cette commune............................ 219

Mariage d'Arthur...................................... 220

Proposition d'un congrès pour le désarmement général, par l'empereur Napoléon. Lecture d'un passage de Saint-Simon sur cette matière, faite par Enfantin à ses disciples... 221

Extrait des instructions données à Arlès à la suite du premier testament d'Enfantin en 1857................. 224

LVI

(1864)

Paroles remarquables d'Enfantin à un de ses disciples.... 226

Réflexions sur les pressentiments d'Enfantin et ses tendances à la vie isolée pendant ses derniers jours...... 227

Lettre de Lambert à Enfantin, à l'occasion de l'anniversaire de sa naissance............................... 228

Réflexions sur cette lettre............................ 231

Lettres d'Arthur et de sa femme...................... 234

Mort de Lambert, son corps présenté à l'église. Enfantin

Pages.

se retire du cortége.—Nouveau testament, mort de Delagoutte 235

Réponse d'Enfantin à Arthur qui lui avait annoncé par dépêche télégraphique qu'il était grand-père 236

Offre d'Enfantin au ministre de l'instruction publique pour léguer à l'État ses livres et archives. Translation des objets donnés à la bibliothèque de l'Arsenal. Contentement d'Enfantin témoigné à Arlès 237

Dernière lettre d'Enfantin à son fils, le 6 août 1864 239

Préparatifs de chasse. Rendez-vous donné à Laurent. Enfantin y manque 240

Laurent le trouve chez lui, rue de Boulogne, le lendemain matin 24, sous le coup d'une congestion cérébrale. Enfantin est saigné. Arthur et Arlès sont avertis par Laurent, par dépêche télégraphique 241

Enfantin reprend connaissance. Vive interpellation à Laurent pour presser le notaire de lui apporter l'acte de donation à signer 242

Mort d'Enfantin. Sa dernière parole 243

Son testament 244

Ses obsèques 247

Discours prononcés sur sa tombe. — Guéroult, Arlès, M. Guyon 248

Dernier écrit d'Enfantin : *L'automne* 258

Parallèle de Chateaubriand et d'Enfantin 260

FIN DE LA TABLE GÉNÉRALE

Imp. L. Toinon et Cie, Saint-Germain.